你好！高考

给未来留点念想

陪你

一起

走过

高考

姓名
学校
班级
时间

开启我的人生记录

志愿填报

我的第一志愿

大学名称

专　　业

我的第二志愿

大学名称

专　　业

我的第三志愿

大学名称

专　　业

我的第四志愿

大学名称

专　　业

记　　录　　特　　别　　的　　时　　刻

《高考日历》
珍藏版
全·新·升·级

陪你一起走过高考

你好！高考

高考研究组 编

北京联合出版公司
Beijing United Publishing Co.,Ltd.

使用说明

高考是我们一生中必经的一站，就像明天，无论你有无准备，它都会到来，也会过去。我们无法躲避，也无法忽视。其实，只要我们正视它，在高三备考的这一年，我们也能过得丰富多彩。为此，我们打造了这本《你好！高考》陪你一起度过备考的每一天。你可以在上面记录下意义非凡的"美时美刻"。为了更好地陪伴你，我们在这本《你好！高考》中设计了这样一些版块。

激励金句：每一天都有触及你心灵的话语。它们或来自某位哲学家、科学家、文学家、教育家，或出自我们的年轻偶像、流行巨星，还可能出自深受喜爱的影视、动漫等作品。

状元方法：我们搜集了近年来多名全国高考文理科状元的学习方法、备考经验。借鉴它们，找到最适合你的方法，你将受益匪浅。

名校速览：我们提供了"985工程"院校、"211工程"院校、"双一流"建设高校的介绍及官网二维码。在这里，你可以和心仪的校园提前来一次美丽的相遇。

榜样力量：我们精选了古今中外数十位著名人物激动人心的拼搏故事、经典演说。这能使你在艰难时找到前进的动力，又能使你在无意识中积累一流的作文素材。

幽默片刻：高三的每一天都是一场战斗，但时刻都绷紧的神经也需要适时放松,就像弓的弦不能拉得太满。为了适时放松,《你好!高考》设置了幽默栏目:"再苦也要笑一笑"。

目标、计划:我们需要有目标,这样才不致迷路,因此,我们在每月都设置了目标版块,以提醒自己。我们还设计了每周计划及其核查,让你周期性地检视努力的成果,从一个成功走向下一个成功。

志愿无忧:《你好!高考》末尾以一问一答的方式,向你提供了填报志愿的主要注意事项,让你不慌、不忙、不焦、不躁,冷静处理志愿填报中常遇到的困惑和意外事件。

从今天开始,记下你的每一天,创造属于你自己的历史。我们时刻相伴,陪你到最后。等到明年秋天,你将在梦想的校园回忆着我们并肩奋战的青春岁月;多年以后,当你拿起这本满是青春印迹的册子时,将收获拼搏、奋进的美好人生回忆。

6月 JUNE

罗宾德拉纳特·泰戈尔

在人生的道路上,所有的人并不站在同一个场所——有的在山前,有的在海边,有的在平原;但是没有一个人能够站着不动,所有的人都得朝前走。

本月目标

本月计划

6月9日 ⑨ 星期____

你方唱罢我登场

伙计们,是时候上了……

忍者神龟
美国一支虚构的超级英雄战队,由四只基因变异后呈现拟人形态的青少年乌龟组成,成员的姓名源自文艺复兴时期意大利艺术家的名字。他们居住在纽约市曼哈顿的地下水道里,一边在社会里隐藏自己的行踪,另一边则与小混混、恶霸、变异生物以及外星入侵者战斗。

History
历史上的今天
1881年6月9日:我国第一条自建铁路——唐胥铁路铺轨。

😊 再苦也要笑一笑

事实证明英语来源于汉语

老板 boss = 饱死
工人 worker = 饿客
强壮 strong = 死壮
海关 custom = 卡死他们
地主 landlord = 懒得劳动
经济 economy = 依靠农民
脾气 temper = 太泼
羡慕 admire = 额的妈呀
雄心 ambition = 俺必胜
笨重的 ponderous = 胖得要死
救护车 ambulance = 俺不能死
害虫 pest = 拍死它
痛苦 agony = 爱过你
动物 animal = 爱你猫
不幸 bale = 背噢
大学 college = 靠累己
飞镖 dart = 打他
说话不清 jabber = 结巴
劳动 labor = 累脖
买卖 merchandise = 摸钱袋子

Highlights
我的今天 ✏

去生活,去犯错,去跌倒,去胜利,去用生命再创生命。

詹姆斯·乔伊斯
James Joyce,1882.2.2—1941.1.13 | 爱尔兰作家、诗人,20世纪最重要的作家之一,代表作品有《尤利西斯》《芬尼根的守灵夜》等。

History
历史上的今天

2006年6月10日:我国迎来第一个"文化遗产日";后调整为"文化和自然遗产日",在每年6月的第二个星期六。

榜样力量

曹原：高峰时不迷茫，低谷时不放弃

14岁时，曹原以优异成绩被中科大少年班录取。在攻读博士期间，他推测，叠在一起的两层石墨烯发生轻微偏移，有可能实现超导体性能。但他的这一推测却引起了许多物理学家的质疑，他们认为这不过是一个20多岁的小孩关于世界的美好幻想。

曹原没有被外界质疑的声音击退，相反，他仍旧坚信自己的判断。

为此他日夜蹲守在实验室，克服酷热、严寒等多种极端困难条件，一次又一次地为捍卫自己的梦想，努力付出。在一次实验中，他将角度旋转为1.1度时，奇迹发生了：置于特殊电场的两层石墨烯成了超导体，曹原终于向世界证明了自己！

他用7个月的反复实验，终于打破了超导体魔咒。22岁的他解决了困扰世界107年的难题，荣登世界顶级学术期刊《自然》杂志年度十大科学家之首！

Highlights
我的今天

中国人口日

清醒了岂能再昏睡,觉知了岂能再愚昧,当华美的叶片落尽时,生命的脉络便历历可见。

徐志摩
1897.1.15—1931.11.19 | 著名现代诗人、散文家,曾留学英国,代表作品有《再别康桥》等。

History
历史上的今天
1951年6月11日:中央民族学院在北京成立,1993年11月该校更名为中央民族大学。

名校速览

北京大学

`985 院校`　`211 院校`　`教育部直属`　`双一流建设高校`

创办时间：1898 年
地理坐标：北京
校 庆 日：5 月 4 日
办学方针：兼容并包，思想自由
一流学科：（第二轮评估结果：自主确定建设学科并自行公布）
第一轮评估结果：材料科学与工程、地理学、地球物理学、地质学、电子科学与技术、法学、公共卫生与预防医学、护理学、化学、环境科学与工程、机械及航空航天和制造工程、基础医学、计算机科学与技术、考古学、控制科学与工程、口腔医学、理论经济学、力学、临床医学、马克思主义理论、软件工程、商业与管理、社会学、社会政策与管理、生态学、生物学、世界史、数学、统计学、外国语言文学、物理学、现代语言学、心理学、药学、艺术学理论、应用经济学、语言学、哲学、政治学、中国史、中国语言文学

　　北京大学简称"北大"，初名京师大学堂，创立于维新变法之际，是我国近代第一所国立综合性大学。

　　我国完全在本土接受教育而获得诺贝尔生理学或医学奖的屠呦呦，就毕业于北京大学。

Highlights
我的今天 ✏️

6月12日　12　星期＿＿＿

世界无童工日

你人生的起点并不是那么重要，重要的是你最后抵达了哪里。

沃伦·巴菲特
Warren Buffett, 1930.8.30—　｜美国投资家、工业家及慈善家，被广泛认为是全世界最成功的投资家。

History
历史上的今天

2002 年 6 月 12 日：第一个"世界无童工日"；第 90 届国际劳工大会将每年的 6 月 12 日定为"世界无童工日"。

榜样力量
孟德尔的成就之路

孟德尔上中学后,家庭灾难接连不断,他父母完全不能支持他学业所需的费用。因此,16岁的他一边给人做家教,一边上学。中学毕业时,首要问题是取得必要的经济来源。因此,他曾多次试图做家庭教师,由于没有朋友的推荐,他最后通过努力才得以做私人教师,以支持学业。通过极大努力后,他成功地修完两年的哲学。迫于生活压力,在学完哲学后,不满21岁的他主动放弃生育权,成为一名修道士。到修道院后,他同时做过代课老师。那时,中学老师已需要证书。孟德尔第一次教师资格考试没通过,被送到维也纳大学去学习。孟德尔再次考教师资格证书,可惜仍没能通过,所以他只能做代课老师。直到他死后16年,他的遗传学理论发表35年后,他才最终得到认可,成为"现代遗传学之父"。

Highlights
我的今天

距我的高考仅

359 天

6月13日 ⑬ 星期 ____

奇迹有时候是会发生的，但是你得为之拼命地努力。

哈伊姆·魏茨曼

Chaim Weizmann，1874.11.27—1952.11.9 | 以色列首任总统，魏茨曼科学研究所的创建人。他发明了通过细菌发酵取得大量化学产品的方法，被认为是"现代工业发酵技术之父"。

History
历史上的今天

1999年6月13日：教育部推出公共英语等级考试体系。

🎓 高效学习
状元学习法

2019年广西理科状元杨晨煜
（总分730分，英语数学双满分）

> 需要对平时的练习、考试及老师的讲解进行总结和归纳、分类整理，形成自己掌握的解题技巧与方法，并通过不断练习来完善。

2019年广西文科状元凌志宇
（总分672分）

> 基础很关键，要打好扎实的基础，可以通过做题来检验自己基础知识掌握的程度，在做题中不断总结规律，然后通过做题来查漏补缺。

Highlights
我的今天 ✏️

距我的高考仅

358 天

6月14日　14　星期＿＿

世界献血者日

合抱之木，生于毫末；九层之台，起于累土；千里之行，始于足下。

老子
约前571—前471 | 春秋时期思想家、道教始祖、东方三大圣人之首，代表作品有《道德经》。

History
历史上的今天

1777年6月14日：美国大陆会议将星条旗定为美国国旗。

🏫 名校速览

清华大学

985 院校　211 院校　教育部直属　双一流建设高校

创办时间：1911 年
地理坐标：北京
校 庆 日：4 月最后一个星期日
校　　训：自强不息，厚德载物
一流学科：（第二轮评估结果：自主确定建设学科并自行公布）
第一轮评估结果：材料科学与工程、城乡规划学、电气工程、动力工程及工程热物理、法学、风景园林学、工商管理、公共管理、管理科学与工程、核科学与技术、化学、化学工程与技术、环境科学与工程、会计与金融、机械工程、计算机科学与技术、建筑学、经济学和计量经济学、控制科学与工程、力学、马克思主义理论、软件工程、设计学、生物学、生物医学工程、数学、水利工程、统计学与运筹学、土木工程、物理学、现代语言学、信息与通信工程、仪器科学与技术、政治学

　　清华大学简称"清华"，其前身清华学堂始建于 1911 年，1928 年更名为国立清华大学。

　　这所学校有特殊规定：不会游泳的学生不能毕业哦。要知道这不是新要求，而是 1919 年就制订的老校规。有同学说，就奔这点，我想上清华。

Highlights
我的今天 ✏

距我的高考仅

357 天

6月15日 15 星期 ____

路曼曼其修远兮,吾将上下而求索。

屈原
约前340—前278.6.6 | 战国时期楚国人,有楚国第一诗人的美称,曾任三闾大夫,代表作品有千古绝唱《离骚》。今天人们端午节吃粽子,即为纪念他。

History
历史上的今天

2001年6月15日:上海合作组织在上海正式成立,创始成员国为中国、俄罗斯、哈萨克斯坦、吉尔吉斯斯坦、塔吉克斯坦、乌兹别克斯坦。

✓ 一周计划
好的计划是成功的坚实基础。

计划	核查
计划完成的事项	☐ ☐ ☐ ☐ ☐ ☐ ☐
计划开启的事项	☐ ☐ ☐ ☐ ☐ ☐ ☐

6月16日 16 星期____

你能在浪费时间中获得乐趣，就不是浪费时间。

伯特兰·罗素
Bertrand Russell，1872.5.18—1970.2.2 | 20世纪最有影响力的哲学家、数学家，1950年诺贝尔文学奖获得者，代表作品有《西方哲学史》。

History
历史上的今天

2016年6月16日：中国大陆首座迪士尼度假区在上海正式开园。

😊 再苦也要笑一笑

灵魂八问

配钥匙师傅：你配吗？
食堂阿姨：你要饭吗？
算命先生：你算什么东西？
快递小哥：你是什么东西？
垃圾分拣阿姨：你是什么垃圾？
网约车司机：你搞清楚自己的定位没有？
理发师傅：你照照镜子看看你自己，觉得行吗？
小区保安：你是谁？从哪里来？要到哪里去？

Highlights
我的今天 ✏️

青春如果没有了奋斗，没有了挣扎，没有了希望，没有了绝望，还叫什么青春？

白岩松

1968.8.20— ｜央视著名主持人，因"轻松、快乐、富有趣味"的主持风格深受观众喜爱，著有《痛并快乐着》《幸福了吗》等。

History
历史上的今天

1967年6月17日：我国第一颗氢弹在西部地区上空爆炸成功。

⭐ 榜样力量

白岩松：从倒数第二到 211 名校

　　整个高中前两年，白岩松在老师眼中就是个不折不扣的差生，用他自己的话说，"我最惨的时候，混到全班倒数第二"。直到高三，到了"之前陪你玩的同学都跑去复习"的时候，白岩松才意识到"是该冲刺了"。他用了一年的时间，从垫底的水平，追到了全班前 10 名。

　　白岩松有独特的学习方法和规划。他把需要复习的书全钉在一起，然后计算每天需要看多少页。到高考前，白岩松把复习资料从头到尾看了 4 遍，最终以全班第 8 名的成绩考上了中国传媒大学。

Highlights
我的今天 ✏️

距我的高考仅

354 天

6月18日 星期 ____

人生就像骑单车，要想保持平衡，就得不断前进。

阿尔伯特·爱因斯坦
Albert Einstein，1879.3.14—1955.4.18 | 著名物理学家，被誉为"现代物理学之父"。他于 1905 年发表了四篇重量级论文，这一年因此被称为"爱因斯坦奇迹年"。

History
历史上的今天
1997 年 6 月 18 日：重庆直辖市正式挂牌。

▲ 中国人民大学办公楼

 名校速览

中国人民大学

| 985 院校 | 211 院校 | 教育部直属 | 双一流建设高校 |

创办时间：1937 年
地理坐标：北京
校 庆 日：10 月 3 日
校　　训：实事求是
一流学科：哲学、理论经济学、应用经济学、法学、政治学、社会学、马克思主义理论、新闻传播学、中国史、统计学、工商管理、农林经济管理、公共管理、图书情报与档案管理

　　中国人民大学简称"人大"，其前身是 1937 年成立的陕北公学。1950 年 10 月 3 日新组建的中国人民大学正式开学，成为新中国创办的第一所新型正规大学。

　　人大名师辈出，吴玉章、范文澜等大师为人大作出了开创性贡献，艾青、王小波等都是人大的校友。

　　每年四月底五月初，人大会放春假，月末假期加上周末和五一，可以得到一个小长假，这可是少有的福利。

Highlights
我的今天 ✏

距我的高考仅

3 5 3 天

6月19日 星期 ____

曾经痛苦，才知道真正的痛苦；曾经执着，才能放下执着；曾经牵挂，才能了无牵挂。

周星驰
1962.6.22— ｜昵称"星爷"，香港知名演员、导演，代表作品有《唐伯虎点秋香》《大话西游》《西游·降魔篇》《美人鱼》等。

History
历史上的今天

2018年6月19日：《中华人民共和国个人所得税法》第七次大修，个税起征点调至每月5000元。

榜样力量

周星驰：把苦难活成"喜剧"

周星驰成名之前的路走得非常艰辛。他曾性格内向，成绩一般。中学快毕业时，他和同龄人一样迷上了当红剧集和当红明星，萌发了做演员的愿望。他和好朋友梁朝伟一起制作了一段8分钟的短片去报考无线电视台艺员训练班。结果，陪玩的梁朝伟一举高中，热情澎湃的周星驰却名落孙山。但周星驰并没有放弃。几经周折之后，他总算挤进了艺员训练班。可是演艺生涯跟期望相去甚远：梁朝伟已被包装为"五虎将"之一的时候，他还是《射雕英雄传》里身兼数职的龙套演员，尽职尽责地向导演建议"我伸掌挡一下再死吧"。

天才若是有决心，常有不凡的成绩。抓住机会的周星驰很快就厚积薄发，最终成了华语电影的"喜剧之王"。

Highlights
我的今天

距我的高考仅

352 天

6月20日　20　星期＿＿＿

世界难民日

每天反复做的事情造就了我们，然后你会发现，优秀不是一种行为，而是一种习惯。

亚里士多德
Aristotle，前 384.6.19—前 322.3.7 | 古希腊哲学家，柏拉图的学生、亚历山大大帝的老师，逍遥学派创始人。他的著作加起来几乎就成了一部希腊人的百科全书。

History
历史上的今天
1991年6月20日：我国第一座大型现代化国家级历史博物馆——陕西历史博物馆在西安开馆。

🎓 高效学习

状元学习法

2019 年北京市理科状元黄子晴
（总分 721 分）

首先要勤于反思。反思的范畴不局限于考试，从知识体系到日常习题，所有出现的问题或许都值得关注，并应及时解决；找老师答疑、与同学探讨是我们班的常态。其次，课上永远是学习效率最高的时间，收获新知识之余，记录的笔记也能令人长久受益。

2016 年安徽省理科状元孙勇
（总分 703 分）

我认为高中所有的问题，几乎都可以用做题来解决。我比大多数人聪明，但我也比大多数人勤奋。

Highlights
我的今天 ✏️

距我的高考仅

3 5 1 天

6月21日 (21) 星期____

不乱于心，不困于情，不畏将来，不念过往，如此，安好！

丰子恺
1898.11.9—1975.9.15 ｜ 著名散文家、画家，师从弘一法师，人称"圆通大师"，以用中西融合画法创作漫画而闻名。

History
历史上的今天

2018年6月21日：秋分被设立为中国农民丰收节。

▲ 北京师范大学图书馆

名校速览

北京师范大学

`985院校`　`211院校`　`教育部直属`　`双一流建设高校`

创办时间：1902年
地理坐标：北京
校 庆 日：9月8日
校　　训：学为人师，行为世范
一流学科：哲学、教育学、心理学、中国语言文学、外国语言文学、中国史、数学、地理学、系统科学、生态学、环境科学与工程、戏剧与影视学

　　北京师范大学简称"北师大"，其前身是1902年创立的京师大学堂师范馆，1923年更名为北京师范大学，是我国第一所师范大学。

　　北师大的教育学全国排名第一，不少学生都会辅修教育学或者攻读教育学第二学位。心理学专业同样是全国第一，而且心理学部是我国唯一一个心理学一级学科国家重点学科单位。

Highlights
我的今天 ✏

中国儿童慈善活动日

如果你已经树立了一个远大的目标,那么就在你的生命中,用最大的努力去实现这个目标吧。

比尔·盖茨
Bill Gates, 1955.10.28— | 美国企业家、慈善家,微软公司创始人,曾经连续 13 年蝉联世界首富,创建了全球最大的慈善基金会。

History
历史上的今天
2008 年 6 月 22 日:比尔·盖茨宣布捐出 580 亿美元全部身家。

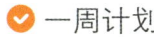 一周计划

好的计划是成功的坚实基础。

计划	核查
计划完成的事项	☐ ☐ ☐ ☐ ☐ ☐ ☐ ☐
计划开启的事项	☐ ☐ ☐ ☐ ☐ ☐ ☐

6 月 23 日　23　星期 ____

国际奥林匹克日

生活中最重要的事情不是胜利，而是奋斗；不是征服，而是拼搏。

皮埃尔·顾拜旦

Pierre De Coubertin，1863.1.1—1937.9.2 ｜ 法国教育家、历史学家，现代奥林匹克运动会的发起人之一，被誉为"现代奥林匹克之父"。

History
历史上的今天

1894 年 6 月 23 日：国际奥林匹克运动委员会成立。

😊 再苦也要笑一笑

真的是从小看大啊

小时候学英语,记不住发音,所以同学们都爱用汉字来标注,比如"English"。

把"English"标注成"硬给利息"的同学现在当了行长;

把"English"标注成"因果联系"的现在成了哲学家;

把"English"标注成"阴沟里洗"的现在成了卖菜的;

…………

而我,把"English"标注成"应该累死",现在成了程序员!!

Highlights
我的今天 ✏

距我的高考仅

3 4 8 天

6月24日 24 星期____

必须拼命去实现你的梦想,必须为之付出一切,努力拼搏。

利昂内尔·梅西
Lionel Messi,1987.6.24— | 当今世界足球巨星,球坛最佳球员之一,曾多次获得金球奖、欧洲金靴奖、世界足球先生等荣誉,也是历史上第一个获得劳伦斯奖最佳男运动员荣誉的足球运动员。

History
历史上的今天

1911年6月24日:上海虹口大戏院开始向民间放映电影,标志着电影进入我国民间。

 榜样力量

梅西：永不停步的 10 号

梅西 11 岁时被医生诊断出生长素分泌不足，13 岁时身高只有 1.4 米，这意味着他不可能长很高，而家里的经济条件难以承受他的治疗费用。因为身高问题，他经常被一些人恶意攻击为"侏儒"。

但先天的不足并没有限制他的成就。22 岁时，他以史上最高分获得"金球奖"，这是阿根廷首位获此殊荣的球员。金球奖设立 50 多年来，以如此高的获选率当选"金球先生"，这还是第一次。

当梅西成为西甲历史最佳射手时，他的恩师瓜迪奥拉表示："梅西刷新的这个纪录是 60 年来无人能破的，也是 600 年内无人能超越的。我一点都不夸张。"

Highlights
我的今天

全国土地日

再遥远的目标,也经不起执着的坚持。

哈利勒·纪伯伦
Kahlil Gibran,1883.1.6—1931.4.10 | 黎巴嫩诗人,被称为"艺术天才""黎巴嫩文坛骄子",代表作品有《泪与笑》《沙与沫》《先知》等。

History
历史上的今天
1950 年 6 月 25 日:朝鲜战争爆发。

▲ 北京理工大学体育场

 名校速览

北京理工大学

985 院校　211 院校　工信部直属　双一流建设高校

创办时间：1940 年
地理坐标：北京
校 庆 日：9 月下旬第一个星期日
校　　训：德以明理，学以精工
一流学科：物理学、材料科学与工程、控制科学与工程、兵器科学与技术

　　北京理工大学简称"北理工"，诞生于延安，1952 年更名为北京工业学院，成为新中国第一所国防工业院校。1988 年，北京工业学院更名为北京理工大学。

　　北理工创造了我国科史上多个"第一"：第一台电视发射接收装置、第一辆轻型坦克、第一台 20 千米远程照相机等。

　　北理工培养出了我国第一艘核潜艇总设计师彭士禄等各个行业的大批优秀人才，被誉为"红色国防工程师的摇篮"。

Highlights
我的今天 ✎

距我的高考仅

346 天

6月26日 26 星期 ____

国际禁毒日

人生的光荣,不在永不失败,而在于能够屡败屡起。

拿破仑·波拿巴

Napoleon Bonaparte,1769.8.15—1821.5.5 | 法国著名军事家、政治家。父亲给他取名"拿破仑",意大利语的意思是"荒野雄狮"。他颁布了《拿破仑法典》,完善了世界法律体系,奠定了西方资本主义国家的社会秩序。

History
历史上的今天

2000年6月26日:中、美、英、日、德、法6国宣布人类基因组工作草图绘制完成。

榜样力量

姆巴佩：从贫民窟少年到全球最贵球星

法国著名足球明星姆巴佩出生于贫民窟，父母是移民，少年时期只有足球、贫穷、动荡伴随着他。

被隔离在巴黎郊外的贫民窟里，没有人关心他们的教育，没有人关心他们的成长。贫民窟的孩子，足球成了唯一的梦想。即使在倾盆大雨下，孩子们仍然会在大街上带球。当姆巴佩14岁的时候，他在卧室墙上贴满了偶像C罗的海报。

他与别的同龄球星不一样，没能加入知名俱乐部的青训梯队，因为切尔西队觉得他连1.7万英镑都不值。现在，姆巴佩成为全球身价最高的球员，估价超过1.5亿欧元。

Highlights
我的今天

距我的高考仅

3 4 5

天

6月27日 星期____

古之立大志者，不惟有超世之才，亦必有坚韧不拔之志。

苏轼
1037.1.8—1101.8.24 ｜ 北宋文学家、书法家、画家，与父亲苏洵、弟弟苏辙合称"三苏"，父子三人同列"唐宋八大家"。

History
历史上的今天
1970年6月27日：高等院校开始招生复课。

🎓 高效学习
状元学习法

2017 年重庆市理科状元杨馥玮
（总分 716 分）

从高三上学期开学开始，自己就已经根据高中各科的知识点制订大致的规划，随后又一步步地制订了详细规划，规划细节到哪一天的哪一节课复习哪一个知识点。

2017 年重庆市文科状元刘之铭
（总分 677 分）

认真听老师讲解，看透教材，完成老师布置的习题，循序渐进，一步一步来，不要好高骛远。

Highlights
我的今天 ✏️

距我的高考仅

3 4 4 天

6月28日 28 星期 ____

世界上最快乐的事，莫过于为理想而奋斗。

德米特里·门捷列夫
Dmitry Mendeleev, 1834.2.8—1907.2.2 | 俄国化学家。他用了 20 年的时间，终于发现元素周期律，制作出世界上第一张元素周期表。

History
历史上的今天
1840 年 6 月 28 日：第一次鸦片战争正式爆发。

▲ 北京航空航天大学晨兴音乐厅

🏫 名校速览

北京航空航天大学

`985 院校　211 院校　工信部直属　双一流建设高校`

创办时间：1952 年
地理坐标：北京
校 庆 日：10 月 25 日
校　　训：德才兼备，知行合一
一流学科：力学、仪器科学与技术、材料科学与工程、控制科学与工程、计算机科学与技术、交通运输工程、航空宇航科学与技术、软件工程

　　北京航空航天大学简称"北航"，是我国第一所航空航天科技大学，由当时清华大学等八所院校的航空院系合并而成。2002 年北航的英文校名改成了 Beihang University，但是缩写 BHU 已经被渤海大学用了，所以北航的缩写依然是 BUAA，北航也因此成为我国唯一一所英文缩写与全称不对应的高校。

　　探月工程运载火箭系统总设计师贺祖明、载人航天工程总设计师王永志等是北航校友。

Highlights
我的今天 ✏️

全国科普行动日

设立一个光芒万丈的梦想会让实现目标变得更容易。

拉里·佩奇
Larry Page, 1973.3.26— | 美国谷歌公司的创始人之一,谷歌搜索排名算法 PageRan 的发明者。

History
历史上的今天
1900 年 6 月 29 日:瑞典政府正式批准设置诺贝尔奖基金会。

✅ 一周计划

好的计划是成功的坚实基础。

计划	核查
计划完成的事项	☐ ☐ ☐ ☐ ☐ ☐ ☐
计划开启的事项	☐ ☐ ☐ ☐ ☐ ☐ ☐

距我的高考仅

3 4 2 天

6月30日 30 星期 ____

不要企图无所不知,否则你将一无所知。

德谟克利特
Democritus,约前460—前370 | 古希腊唯物主义哲学家,与留基波并称原子论创始人。

History
历史上的今天

2011年6月30日:京沪高速铁路正式通车运营。它全长1318千米,是世界上一次建成线路最长、标准最高的高速铁路。

本月小结

努力,让每一秒都过得有意义。

本月自我评价

本月最有成就感的事

7月 JULY

奥斯卡·王尔德

你拥有青春的时候，就要感受它。不要虚掷你的黄金时代，不要去倾听枯燥乏味的东西，不要设法挽回无望的失败，不要把你的生命献给无知、平庸和低俗。

本月目标

本月计划

距我的高考仅

3 4 1 天

7月1日 ① 星期 ____

中国共产党诞生纪念日

生活就像海洋，只有意志坚强的人，才能到达彼岸。

卡尔·马克思

Karl Marx，1818.5.5—1883.3.14 | 犹太裔德国哲学家、经济学家、社会学家、政治学家，代表作品有《共产党宣言》《资本论》。

History

历史上的今天

1997 年 7 月 1 日：我国对香港恢复行使主权。

🎓 高效学习

状元学习法

2019 年福建省理科状元林建斌
（总分 701 分）

> 学习过程中一定要跟紧老师的步伐，精做老师布置的题目。同时也要认真总结老师在课堂上所讲的解题思路和技巧。

2019 年福建省文科状元詹艺
（总分 674 分）

> 高中三年，我们学会了竞争与合作，学会了分析与思考，学会了丰富与凝练，也进一步学会了如何不断超越自己的极限。

Highlights
我的今天 ✏

即使本来有一百的力量足以成事，但我要储足二百的力量去攻，而不是随便去赌一赌。

李嘉诚
1928.7.29— ｜企业家，曾为亚洲首富，被香港人称为"李超人"，1981年拨港币1亿元创立汕头大学。

History
历史上的今天
1997年7月2日：泰币实行浮动汇率制，亚洲金融危机爆发。

 名校速览

中央民族大学

| 985 院校 | 211 院校 | 国家民委直属 | 双一流建设高校 |

创办时间：1941 年
地理坐标：北京
校 庆 日：6 月 11 日
校　　训：美美与共，知行合一
一流学科：民族学

　　中央民族大学简称"中央民大"，其前身是1941年成立的延安民族学院，1951年在北京成立中央民族学院，1993年该校更名为中央民族大学。在北京市的8所985高校中，中央民大的录取分数线是最低的，略低于中国农业大学。

　　作为一所民族院校，中民大对少数民族考生是有优惠政策的。在本科生中，少数民族的数量超过总数的一半。

　　著名的"南杨（杨成志）北吴（吴文藻）"、潘光旦、费孝通、翦伯赞等学界名流都曾在中央民大任教。

Highlights
我的今天 ✏

7月3日 ③ 星期____

我不在乎起点有多高，最重要的是终点。

姚明
1980.9.12— ｜世界最知名的中国运动员之一，曾效力于 NBA 休斯敦火箭队。2016 年入选 NBA 篮球名人堂，是首位获选的中国球员。2017 年 2 月当选为中国篮球协会主席。

History
历史上的今天
1991 年 7 月 3 日：深圳证券交易所正式开业。

 榜样力量

姚明：中国人也能打 NBA

姚明刚到火箭队时，美国人经常"欺负"他。比如，首发中锋老将卡托经常会在比赛中要求姚明给他系鞋带。一次卡托坐在替补席上，直接把腿伸到姚明的膝盖上，然后一句话不说就那么看着姚明。姚明只能给老将系鞋带。然而，他只用了10场比赛，就挤掉了卡托首发的位置。

还有更过分的。因为姚明的开局不好，NBA 生涯的前7场比赛累计只得了30分，巴克利曾经在节目中打赌，姚明单场比赛拿不到19分以上，否则他就会亲吻自己搭档的屁股。结果在第8场比赛中，姚明9投9中，罚球2投全中，得到20分，巴克利只能履行自己的承诺。但与他搭档的男解说表示巴克利的嘴巴太脏了，于是巴克利就在演播室牵来了一头驴，吻了驴的屁股。

回顾自己的职业生涯，姚明说："我每一天都在百分之百地付出，从来没有偷过懒，我无法变得更好了，因为我已经把一切努力都付出了。我现在实现的成就，就是我所能实现的最好成就。我已经拼了，所以，我给自己打一百分。"

Highlights
我的今天

距我的高考仅

338 天

7月4日 ④ 星期 ____

山再高,高不过登山的人;路再险,挡不住勇敢的心。

夏伯渝
1949.7— ｜中国登山家,"2018北京榜样",中国首位依靠双腿假肢登上珠峰的人。荣获2019年劳伦斯世界体育奖年度最佳体育时刻奖。

History
历史上的今天
1904年7月4日:我国历史上最后一次科举考试举行。

榜样力量

夏伯渝：登顶珠峰的69岁无腿老人

只要有梦想，便可挑战不可能。

26岁的夏伯渝在珠穆朗玛峰让出睡袋，结果被冻伤双腿截肢。安装假肢后，他的生命之火又被重新点燃。练习时，腿和假肢相交处磨肿、磨破、磨得鲜血淋漓，夏伯渝都坚持着，结果诱发了淋巴癌。但他依然保持乐观："再登珠峰就是我的奋斗目标，我一直为这个目标在努力、在坚持。"因为有了这个梦想，每一天他都没有停止锻炼。

珠峰曾接二连三地打击夏伯渝的梦想。

2014年，65岁的夏伯渝再次来到珠峰脚下。距离他第一次挑战登顶，过去整40年了。当年的队友中，只有他还在坚持着。但当他到达珠峰大本营后发生了严重的山难，登峰计划被取消。

2015年，他再次出发，同样是到达了珠峰大本营，却遇到了8.1级地震，之后发生了雪崩，雪崩产生的冲击波把帐篷全部吹跑了，珠峰梦想再次破灭。

2016年，夏伯渝第四次尝试登顶珠峰。可距登顶只有94米时突如其来的暴风雪阻断了他的冲顶之路。

2018年5月8日，夏伯渝怀揣梦想再次向珠峰发起挑战，最终成了"中国第一位依靠双腿假肢登上珠穆朗玛峰的人"，登上他人生中的"荣誉殿堂"。

没有任何一座荣誉殿堂比梦想实现的顶峰更让人感到荣耀。

Highlights
我的今天

人生不在于抓到一副好牌,而在于打好你手里的牌。

乔希·比林斯
Josh Billings,1818.4.21—1885.10.14 | 美国幽默作家,当时的名气仅次于马克·吐温。

History
历史上的今天

1687年7月5日:牛顿的著作《自然哲学的数学原理》首次出版,提出了牛顿运动定律和万有引力定律。

▲ 中国农业大学西校区主楼

 名校速览

中国农业大学

985 院校　211 院校　教育部直属　双一流建设高校

创办时间：1905 年
地理坐标：北京
校 庆 日：10 月 16 日
校　　训：解民生之多艰，育天下之英才
一流学科：生物学、农业工程、食品科学与工程、作物学、农业资源与环境、植物保护、畜牧学、兽医学、草学

　　中国农业大学简称"中国农大"，是中国现代农业高等教育的发源地，其前身是 1905 年成立的京师大学堂农科大学。

　　中国农大在生命科学、农业科学、环境生态学等领域具有突出影响力，聘请了诺贝尔生理学或医学奖获得者、"DNA 之父"詹姆斯·沃森在内的著名学者担任名誉教授。

Highlights
我的今天 ✏

如果命运是世界上最烂的编剧，你就要争取做你自己人生最好的演员。

撒贝宁
1976.3.23— ｜主持人，高考前凭靠着特殊的才艺，被北大提前录取。

History
历史上的今天
1900年7月6日：沙皇尼古拉二世下令大举入侵我国东北。

 一周计划

好的计划是成功的坚实基础。

计划	核查
计划完成的事项	☐ ☐ ☐ ☐ ☐ ☐ ☐
计划开启的事项	☐ ☐ ☐ ☐ ☐ ☐ ☐

如果你不比别人干得更多,你的价值也就不会比别人更高。

塞万提斯
Cervantes,1547.9.29—1616.4.23 | 西班牙文学世界最伟大的作家,代表作品有《堂吉诃德》。

History
历史上的今天
2020 年 7 月 7 日:受新冠疫情影响,全国高考延迟到此日开始举行。

😊 再苦也要笑一笑

状元讲成功经验

高考之后,校长请来了本市的高考状元做演讲。状元说:"我的学习方法是,一开始每天只做1道题……"

这时校长忍不住说:"同学们,状元学习方法来了,你们的春天到了!"

只见状元满眼饱含热泪地说:"后来我妈把我打了一顿,让我每天做100道题。"

Highlights
我的今天 ✏

距我的高考仅

3 3 4 天

7月8日　(8)　星期＿＿＿

人的一切痛苦，本质上都是对自己的无能的愤怒。

王小波
1952.5.13—1997.4.11 ｜ 著名作家，年轻时在云南插过队，做过工人，当过老师，代表作品有《黄金时代》《沉默的大多数》等。

History
历史上的今天

1937年7月8日：中共中央发出《中国共产党为日军进攻卢沟桥通电》，号召全国军民团结起来，共同抵抗日本的侵略。

⭐ 榜样力量

颜宁：清华历史上最年轻的教授

颜宁2007年回国担任清华大学医学院教授、博导，成为清华历史上最年轻的教授和博导。10年后离开清华大学，成为普林斯顿大学分子生物学系首位雪莉·蒂尔曼终身讲席教授。2019年成为美国国家科学院外籍院士。她说："在做科研的时候有三个时刻最畅快：一是解决了实验中困扰已久的难题，也许就像武侠小说中打通任督二脉那一刻的感觉；二是实验出结果的时候，那时你会为崭新的发现而狂喜不已；最后一个就是论文发表的时候，这主要在一定程度上满足了我从小的'作家梦'，尽管文笔有点对不起大家。科研做到一定程度，就没有工作的压力了，到最后是玩科学的感觉，这种感觉非常棒！"

Highlights
我的今天 ✏️

距我的高考仅

333 天

7月9日 星期 ____

成功是给一切都准备就绪的人的，人们称这个为运气。

罗尔德·阿蒙森
Roald Amundsen，1872.7.16—1928.6.18 ｜ 挪威极地探险家，他领导的探险队为第一支到达南极点的探险队。南极点上的阿蒙森-斯科特站以他与他的竞争对手斯科特命名，月球南极的一个比较大的环形山也以他命名为阿蒙森环形山。

History
历史上的今天
1986年7月9日：我国首次赴北极考察。

▲ 南开大学校园内的南开校钟

名校速览

南开大学

985 院校　211 院校　教育部直属　双一流建设高校

创办时间：1919 年
地理坐标：天津
校 庆 日：10 月 17 日
校　　训：允公允能，日新月异
一流学科：应用经济学、世界史、数学、化学、统计学、材料科学与工程

　　南开大学简称"南开"，是著名爱国教育家张伯苓和严范孙于 1919 年创办的。

　　南开校钟具有特别的意义。旧钟在抗战时期失落。新钟重铸于 1997 年，重 3000 千克，高 1.937 米，寓意铭记 1937 年日军炸毁南开；钟的周边雕刻有 60 枚校徽图案，纪念南开园被炸 60 周年。

　　诺贝尔奖获得者杨振宁、李政道、丁肇中，美国前国务卿基辛格、法国前总理洛朗·法比尤斯等被南开聘为名誉教授；而曹禺、陈省身等为南开校友。

Highlights
我的今天 🖉

距我的高考仅

3 3 2 天

7月10日 ⑩ 星期____

当你的前途一片黑暗时，你该意识到是你在发光。

雷军
1969.12.16— | 著名企业家，小米科技创始人、董事长兼首席执行官。2018年雷军以1100亿元财富位列"胡润百富榜"第10名。

History
历史上的今天
1890年7月10日：清政府改各省书院为学校。

🏅 榜样力量

雷军：因梦想而伟大

一直心怀梦想的雷军，40岁时再度复出，创办了小米科技公司。他说："觉得不搏这一次，人生愿望没实现，太不过瘾了，所以我就决定往下跳。"

雷军的勤奋是圈内知名的。在武汉大学时，他就发奋苦学，上课时间不够用，他就在课外时间偷跑到机房学习。他只用了两年时间，就修完了四年大学的学分。武汉大学里拿过"汇编语言程序设计"满分的，20年内加起来只有两个人，雷军就是其中之一。在北京工作时，他是中关村有名的工作狂，平均每天工作12小时以上。员工们经常在凌晨两三点时看到雷军的司机在楼下等他。他以这种拼劲，只用了8年时间，就带领小米公司成功上市。

Highlights
我的今天 ✏

距我的高考仅 **331** 天

7月11日　11　星期 ____

世界人口日、中国航海日

一看见汪洋就认定没有陆地的人，不过是拙劣的探索者。

弗朗西斯·培根

Francis Bacon，1561.1.22—1626.4.9 ｜ 英国著名哲学家、科学家，12岁入读剑桥大学三一学院，攻读神学、数学、天文学、希腊文、拉丁文，15岁从剑桥毕业。

History
历史上的今天

2006年7月11日：刘翔在瑞士洛桑以12秒88打破了尘封13年的110米跨栏纪录。

🎓 高效学习

状元学习法

2018年江苏省理科状元袁梦
（总分434分）

心态要好，不能因为某一次考好骄傲，或者某一次考差而沮丧。虽然这是老生常谈，但要做到真的不容易。

2018年江苏省文科状元陈新
（总分418分）

我对题目思考得比较慢，做得比较深，刷题数量相应就会减少，但我认为，对错题的思考、钻研一道题目不放松，在数学大题目中有优势，比刷题会更有用处。

Highlights
我的今天 ✏️

盛年不重来,一日难再晨;及时当勉励,岁月不待人。

陶渊明
365—427 | 名潜,字元亮,自号五柳先生,代表作品有《归园田居》《桃花源记》。

History
历史上的今天
1926 年 7 月 12 日:广东大学改名为中山大学。

 名校速览

天津大学

| 985 院校 | 211 院校 | 教育部直属 | 双一流建设高校 |

创办时间：1895 年
地理坐标：天津
校 庆 日：10 月 2 日
校　　训：实事求是
一流学科：化学、材料科学与工程、动力工程及工程热物理、化学工程与技术、管理科学与工程

　　天津大学简称"天大"，其前身是北洋大学，始建于 1895 年，是我国第一所现代大学，开我国近代高等教育之先河。

　　天大环境优美，拥有 4 个湖泊、3 个休闲广场，是典型的花园式学校。每年海棠花盛开时，天大都会举办"天大·海棠季"活动，邀请市民、游客入校观赏海棠花。而且天大还有"水果节"。每年春秋两季为全校同学免费发放水果。

　　徐志摩、冯骥才、马寅初等是天大的校友。

Highlights
我的今天

距我的高考仅

329 天

7月13日 13 星期____

生活的道路一旦选定,就要勇敢地走到底,绝不回头。

埃米尔·左拉
Emile Zola,1840.4.2—1902.9.28 | 法国小说家、自然主义文学流派创始人与领袖,代表作品有《卢贡·马卡尔家族》《三城记》等。

History
历史上的今天
1930年7月13日:第一届世界杯足球赛在乌拉圭举行。

一周计划

好的计划是成功的坚实基础。

计划	核查
计划完成的事项	☐ ☐ ☐ ☐ ☐ ☐ ☐
计划开启的事项	☐ ☐ ☐ ☐ ☐ ☐

距我的高考仅

3 2 8 天

7月14日 14 星期 ____

我生活在妙不可言的等待中，等待随便哪种未来。

约翰·济慈
John Keats，1795.10.31—1821.2.23 | 英国浪漫主义诗人，代表作品有《夜莺颂》。

History
历史上的今天

1789年7月14日：巴黎人民攻克巴士底狱，第二年，这一天被正式确立为法国的国庆日。

😊 再苦也要笑一笑

加油的真正含义

过完年上班第一天,一早来到自己的座位,发现有 5 张 100 元的人民币,下面还有一张纸条,写着:加油!落款是领导的名字。我感动得掉下了眼泪,想不到领导这么有心,一上午都很有干劲。下午接到领导电话,劈头盖脸一顿臭骂,问我早晨让我去加油,为什么没加?!

Highlights
我的今天 ✏

距我的高考仅

327 天

7月15日 15 星期 ___

有绝妙的计划,必须不遗余力地实施,而且今天就做。

道格拉斯·麦克阿瑟
Douglas MacArthur,1880.1.26—1964.4.5 | 美国著名军事将领、五星上将,太平洋战争中盟军主要指挥官之一。他和父亲是美国历史上第一对同时获得荣誉勋章的父子。

History
历史上的今天
1983年7月15日:日本任天堂公司推出第一代家用游戏机,开启了游戏产业的新纪元。

榜样力量

麦克阿瑟是如何考上西点军校的？

麦克阿瑟到了快高考的时候，他老爸天天敲打他：一定要上西点！

那时西点军校招生极少，只有250个名额，全国精英都来挤这扇大门。更惨的是，这一年还不在他所在城市招生。他老爸急死了，四处求人，甚至给总统威廉·麦金莱写信，请求给他儿子一个考西点的机动名额。但总统没有开恩。

还是他老妈有主意。有一天，她听国会议员的朋友说，他们准备在威斯康星州主持入额考试，她马上想了一个妙计：高考移民！

想方设法移民威斯康星州后，他的母亲开始陪读。这时，离高考还有1年。

为了儿子，麦克阿瑟的老爸下血本租住酒店，上高考特别辅导班。母亲负责一日三餐，全职陪读。

高考前的一天晚上，酒店突然起火了，他老妈老鹰抓小鸡一般，紧紧攥着儿子的胳膊，把他拉出酒店。

为了儿子，她立即搬进了更豪华的酒店，对儿子说："道格拉斯，别有太大压力，正常发挥就行，我知道，你能行的。"

Highlights
我的今天

距我的高考仅

3 2 6 天

7月16日 ⑯ 星期 ____

成功,通常是指在适当的时候、适当的地方,做了一件适当的事情。

戈登·摩尔
Gordon Moore,1929.1.3— ｜美国企业家,英特尔公司的共同创办人之一。他最为人知的事迹,是提出摩尔定律。

History
历史上的今天

1968 年 7 月 16 日:世界上最大的半导体公司——英特尔公司成立。

▲ 复旦大学光华楼

名校速览

复旦大学

985院校　211院校　教育部直属　双一流建设高校

创办时间：1905年
地理坐标：上海
校 庆 日：5月27日
校　　训：博学而笃志，切问而近思
一流学科：哲学、应用经济学、政治学、马克思主义理论、中国语言文学、外国语言文学、中国史、数学、物理学、化学、生物学、生态学、材料科学与工程、环境科学与工程、基础医学、临床医学、公共卫生与预防医学、中西医结合、药学、集成电路科学与工程

　　复旦大学简称"复旦"，原名复旦公学，是中国人自主创办的第一所高等院校。创始人是著名教育家马相伯。在复旦，本科生们可以自由地转专业。一学期之后，如果觉得所在专业不适合自己，或有自己更感兴趣的专业，可以在大一下学期提出转专业申请，通过考核之后，大二就可以转入申请的专业了。

　　复旦有很多著名的校友，如竺可桢、徐悲鸿等。

Highlights
我的今天 ✏

距我的高考仅

325 天

7月17日 星期 ____

世界表情包日

我为足球而生存,除此之外再没多少闲工夫。

贝利
Pele,1940.10.23— | 巴西著名足球运动员,20世纪最伟大的体育明星之一,被国际足联授予"球王"称号。

History
历史上的今天

2014年7月17日:首个 World Emoji Day(世界表情包日),甚至还有一个同名网站每年煞有介事地给表情包颁奖。

榜样力量

贝利:传奇的诞生

贝利的父亲曾是职业球员,因病退役却没有获得任何补偿。他只能带着一家人生活在贫民窟里,做着保洁的工作。

贝利从小便需要替人擦鞋,跟着父亲打扫厕所补贴家用。因为生活贫困,他的足球梦遭到全家的反对。他因把"莱利"念成了"贝利"(贝利在葡萄牙语中是"笨蛋"的意思)被"富二代"羞辱,甚至被一脚踢翻。

即使入选国家队后,他也没能一路畅通:与队友格格不入,被打击水平不够。凌晨4点,正是贝利练球的时间,也是贝利一步一步征服众人的时候。而后,他代表巴西国家足球队出战世界杯时共攻入12球,其中在世界杯决赛攻入3球,并3次捧得世界杯,是世界上唯一一位三夺世界杯的球员。

逆转绝境,感动你的不仅仅是热血!更有不懈的坚持!

Highlights
我的今天

距我的高考仅

3 2 4 天

7月18日　18　星期 ____

我只剩下专心学习了,希望一切都有个好结果吧。

安妮·弗兰克
Anne Frank,1929.6.12—1945.3.9 | 生于德国的犹太女孩,"二战"大屠杀中最著名的受害者之一,代表作品有记录下亲历"二战"的《安妮日记》。

History
历史上的今天

1955 年 7 月 18 日:第一座迪士尼乐园正式向公众开放。

🎓 高效学习

状元学习法

2019 年甘肃省理科状元李翔
（总分 694 分）

> 学习和生活要专注，该学习的时候投入百分之一百二十的精力去学习，该玩的时候也好好去玩；高考比拼的是心态，稳定平和的心态是取得优异成绩的法宝。

2019 年甘肃省文科状元杨子夏
（总分 666 分）

> 要合理安排时间，制订学习计划。在开始学习之前，花三五分钟列出学习计划，可以让学习更加有目标和方向。我的方法是列出当天的任务，完成后在任务前打钩，这样可以让自己有更多的获得感。

Highlights
我的今天 ✏️

距我的高考仅

323 天

7月19日 星期____

黑夜无论怎样悠长,白昼总会到来。

 威廉·莎士比亚
William Shakespeare,1564.4.23—1616.4.23 | 英国文学史上最杰出的戏剧家,欧洲文艺复兴时期最重要的作家,代表作品有《罗密欧与朱丽叶》等。

History
历史上的今天
1863年7月19日:伦敦建成世界上第一条地铁。

🏛 名校速览

上海交通大学

985 院校　211 院校　教育部直属　双一流建设高校

创办时间：1896 年
地理坐标：上海
校 庆 日：4 月 8 日
校　　训：饮水思源，爱国荣校
一流学科：数学、物理学、化学、生物学、机械工程、材料科学与工程、电子科学与技术、信息与通信工程、控制科学与工程、计算机科学与技术、土木工程、化学工程与技术、船舶与海洋工程、基础医学、临床医学、口腔医学、药学、工商管理

　　上海交通大学简称"上海交大"，其前身是创建于 1896 年的南洋公学。南洋公学被誉为"东方麻省理工"。

　　上海交大创造了我国近现代发展史上的多个"第一"：我国第一台内燃机、第一台中文打字机，新中国第一艘万吨轮船、第一艘核潜艇、第一枚运载火箭、第一颗人造卫星……

　　蔡元培、黄炎培、李叔同、钱学森、茅以升等都是上海交大的校友。

Highlights
我的今天 ✏

距我的高考仅 **322** 天

7月20日 20 星期____

人类月球日

若想得到你从未拥有的东西，你得愿意做你从未做过的事。

托马斯·杰斐逊
Thomas Jefferson，1743.4.13—1826.7.4 | 美国第 3 任总统，美国弗吉尼亚大学创始人。

History
历史上的今天
1985 年 7 月 20 日：西藏大学在拉萨成立。

✓ 一周计划

好的计划是成功的坚实基础。

计划	核查
计划完成的事项	☐ ☐ ☐ ☐ ☐ ☐ ☐
计划开启的事项	☐ ☐ ☐ ☐ ☐ ☐ ☐

距我的高考仅

3 2 1 天

7月21日 21 星期 ____

我们要征服的不是高山，而是自己。

 埃德蒙·希拉里
Edmund Hillary，1919.7.20—2008.1.11 | 新西兰探险家，人类征服珠穆朗玛峰的第一人。

History
历史上的今天

前776年7月21日：世界上第一次奥林匹克运动会在古希腊举行。

😊 再苦也要笑一笑

好亲戚都被你认去了

有一个好虚荣的人出门遇到达官显贵路过,就避在一边。同行的人问他为什么这样做,他说:"那是我的亲戚。"

这样好多次,每次他都这样,同行的人觉得他很讨厌。

后来,他俩在路上遇到一个乞丐,同行的人也躲避到一边,说:"那个乞丐是我的亲戚。"

"你怎么有这样的穷亲戚?"

"因为凡是好的,都被你认去了。"

Highlights
我的今天 ✏️

距我的高考仅

320 天

7月22日　22　星期 ____

一旦确立了自己的目标，就不应该再动摇为之奋斗的决心。

艾萨克·牛顿
Isaac Newton，1643.1.4—1727.3.31 | 英国哲学家、物理学家、数学家、天文学家。他阐述了万有引力和三大运动定律，发明了反射望远镜，发展出微积分学。

History
历史上的今天

1944 年 7 月 22 日：标志国际货币一体化正式形成的"布雷顿森林体系"建立。

▲ 牛顿曾就读的剑桥大学

 榜样力量

牛顿的启示

牛顿 12 岁从农村小学转到城里念书,在班上名次靠后,同学们都瞧不起他。有一次,一个身体比他强壮、功课比他好的同学蛮横无理地欺负他。虽然平时很怕这位同学,但此时牛顿奋起反抗,把那个同学逼到墙角,那个同学只好屈服。牛顿也从此事看到一个道理:只要下决心,再大的恐惧也能克服。于是他开始在学习上也用上这个劲头。经过勤奋学习,牛顿在数学上打下了坚实的基础。后来,22 岁的牛顿发明了微分学,在 23 岁时发明了积分学,为人类数学事业作出了巨大贡献。

Highlights
我的今天 ✏

距我的高考仅

319 天

7月23日 23 星期____

除了你自己,没有任何人、任何东西有义务拯救你。给你自己的土地播种吧。

托妮·莫里森
Toni Morrison,1931.2.18—2019.8.5 | 美国非洲裔女性作家,1993年诺贝尔文学奖获得者,代表作品有《最蓝的眼睛》。

History
历史上的今天

1921年7月23日:中国共产党第一次全国代表大会在上海召开。

▲ 同济大学秋季校园林荫大道

 名校速览

同济大学

985 院校　211 院校　教育部直属　双一流建设高校

创办时间：1907 年
地理坐标：上海
校 庆 日：5 月 20 日
校　　训：同舟共济
一流学科：生物学、建筑学、土木工程、测绘科学与技术、环境科学与工程、城乡规划学、风景园林学、设计学

　　同济大学简称"同济"，是我国最早的 7 所国立大学之一，也是招生标准最严格的大学之一。

　　同济的樱花大道是上海最早、最知名的赏樱地，每年 3 月中下旬学校会举办"醉情樱花季"活动，会吸引大量市民和各大高校师生。

　　同济版的《高等数学》恐怕是印刷数量最多的高校教材之一了。

Highlights
我的今天 ✏

即使没人相信你,你也不能对自己绝望。

林书豪
1988.8.23— | NBA 历史上第一位美籍华人球员,第二位进入 NBA 的哈佛大学毕业生。

History
历史上的今天
1996 年 7 月 24 日:澳大利亚天文学家测算宇宙的年龄应为 110 亿岁。

榜样力量

林书豪：除了你自己，没人给你机会

林书豪刚进入 NBA 时并不顺利。先是在 NBA 的选秀会上没有一支球队与他签约，后来虽然获得了勇士队的签约，但给他的上场比赛机会非常少。他是名副其实的板凳球员，甚至三次被下放至发展联盟，后又被勇士队裁掉。而后，他被火箭队签下，但很快又被裁掉。他最终进入纽约尼克斯队。在尼克斯队初期，他也没有上场机会。有一天夜里，他躲在被子里哭。

直到 2012 年 2 月，机会终于来了：他所在球队的三个主将都受伤了，教练无人可用，才让林书豪上场，当他上场的那一刻，他那不可思议的篮球生涯由此开始。他带领尼克斯获得七连胜，引起了全世界的注意，此现象被媒体称为"林疯狂"。凭着努力和冲劲，林书豪最终获得了认可。

Highlights
我的今天

距我的高考仅 **317** 天

7月25日 25 星期 ____

理想不抛弃苦心追求的人。只要不停止追求，你们会沐浴在理想的光辉之中。

巴金
1904.11.25—2005.10.17 | 著名文学家、翻译家，代表作品有《家》《春》《秋》《随想录》等。

History
历史上的今天
1978年7月25日：世界上第一个试管婴儿路易丝·布朗在英国诞生。

🎓 高效学习
状元学习法

2019 年河南省理科状元鲁方裕
（总分 702 分）

别人刷题，我重温课本；别人又在刷题，我重做练习；别人还在刷题，我总结的题型已经积累了一整本。那次期末考试，我第一次考到班级第一。

2019 年河南省文科状元高涛
（总分 663 分）

由于高一、高二时，英语、数学基础较牢，自己这时候的主要精力就放在了文综上，周二、四、六分别练习一套文综题，早读晚读放在文综背书上，文科看错题十分重要。

Highlights
我的今天 ✏️

距我的高考仅

3 1 6 天

7月26日 26 星期____

有自信心的人,可以化渺小为伟大,化平庸为神奇。

乔治·萧伯纳
George Bernard Shaw,1856.7.26—1950.11.2 | 爱尔兰剧作家、诺贝尔文学奖获得者,代表作品有《圣女贞德》《卖花女》。

History
历史上的今天
1945年7月26日:中、美、英三国签署发表了《波茨坦公告》,敦促日本无条件投降。

▲ 华东师大中山北路校区正门　　©Flsxx

 名校速览

华东师范大学

985 院校　211 院校　教育部直属　双一流建设高校

创办时间：1951 年
地理坐标：上海
校 庆 日：10 月 16 日
校　　训：求实创造，为人师表
一流学科：教育学、生态学、统计学

　　华东师范大学简称"华东师大"，其前身为大夏大学、光华大学。大夏大学是当时著名的综合性大学，也是中国最早实施导师制和通识教育的高校之一，被誉为"东方哥伦比亚大学"。
　　师范类"985 院校"仅有两所，华东师大是除北师大外的另一所。
　　华东师大不仅有唯美的丽娃河、漂亮的夏雨岛，更有一系列黑暗料理和食堂黑科技，而且学校每年还会举办美食节，推出精心研制的菜肴和点心。

Highlights
我的今天 ✏️

距我的高考仅

3 1 5

天

7 月 27 日　27　星期 ____

生活没有目标，就像航海没有指南针。

亚历山大·仲马

Alexandre Dumas，1802.7.24—1870.12.5 ｜ 又称"大仲马"，法国作家，代表作品有《基督山伯爵》《三个火枪手》等。

History
历史上的今天

1953 年 7 月 27 日：《朝鲜停战协定》在板门店正式签字，历时 3 年多的朝鲜战争宣告结束。

✓ 一周计划

好的计划是成功的坚实基础。

计划	核查
计划完成的事项	☐ ☐ ☐ ☐ ☐ ☐ ☐
计划开启的事项	☐ ☐ ☐ ☐ ☐ ☐ ☐

距我的高考仅

3 1 4 天

7月28日 28 星期 ____

真正的价值并不在人生的舞台上，而在我们扮演的角色中。

弗里德里希·席勒

Friedrich Schiller，1759.11.10—1805.5.9 | 德国文学史上地位仅次于歌德的伟大作家，代表作品有《阴谋与爱情》。

History
历史上的今天
1976年7月28日：唐山发生里氏7.8级以上的大地震。

😊 再苦也要笑一笑

先还钱再说吧

高考后,同学们搞了毕业聚会,一个考得不理想的兄弟拍着胸脯对我说:"我要是以后混得不好,你就当没我这个兄弟。"

听了这话我热泪盈眶,激动地说道:"这么多年的感情,不管你混得好不好,欠我的钱都要还呀!"

Highlights
我的今天

距我的高考仅

3 1 3 天

7月29日 29 星期＿＿＿＿

我不愿做悬于天际的恒星，而宁愿像流星那样虽转瞬即逝，却放射出它全部灼目的光芒。

张艺谋
1950.4.2— ｜著名电影导演，2008年北京奥运会开幕式总导演，中国"第五代导演"代表人物之一，代表作品有《英雄》。

History
历史上的今天
1952年7月29日：五星红旗第一次在奥运会上升起。

榜样力量
张艺谋：不断挑战自我

由于父亲出身不好，张艺谋从小就受到各方压抑，养成了沉默寡言的性格。恢复高考后第一年，由于超龄，他精心准备自己的创作影集，利用出差进京的机会，到北京电影学院报名。他到校园并没直接报名，而是先在招生办外面观察，当看到很多考生作品的水平不如自己时，才敢上前报名。

招生老师对他的作品赞叹不已，然而因年龄问题拒绝录取他。

在巨大打击面前，张艺谋的坚韧性显现出来，他按照自己的设计，开始新一轮的争取。他将自己的作品和一封求学信转给了当时的文化部部长，部长指示："根据他的优异成绩，特殊处理。"张艺谋终于被破格录取进入北京电影学院摄影系78班学习两年。

Highlights
我的今天

距我的高考仅

3 1 2 天

7月30日 30 星期 ___

国际友谊日

当某事足够重要,你就去做它,即使胜算不大。

埃隆·马斯克
Elon Musk,1971.6.28— | 出生于南非的美加企业家,创办了 SpaceX 和特斯拉汽车公司。

History
历史上的今天
1923 年 7 月 30 日:我国自行设计生产的第一架飞机研制成功。

📛 名校速览

华中科技大学

`985 院校  211 院校  教育部直属  双一流建设高校`

创办时间：1953 年
地理坐标：湖北武汉
校 庆 日：10 月 8 日
校　　训：明德，厚学，求是，创新
一流学科：机械工程、光学工程、材料科学与工程、动力工程及工程热物理、电气工程、计算机科学与技术、基础医学、临床医学、公共卫生与预防医学

　　华中科技大学简称"华中大"，是拥有国家大科学中心的四所大学之一，入选《自然》评出的"中国十大科研机构"。

　　华中大于 2000 年由华中理工大学、同济医科大学、武汉城市建设学院合并组建而成。校内树木葱茏，碧草如茵，绿化覆盖率 72%，被誉为"森林式大学"。

　　华中大可以说是全国食堂数目最多的高校了，总共拥有大大小小数十个食堂，经济实惠，而且汇集了各种美食美味，一不小心就要吃胖了。

Highlights
我的今天 ✏️

小王子一旦提出问题,便绝不放弃,一辈子都不变。

圣埃克苏佩里
Saint-Exupery,1900.6.29—1944.7.31 | 法国作家、飞行员,代表作品有《小王子》。

History
历史上的今天

1944 年 7 月 31 日:《小王子》作者、飞行员圣埃克苏佩里在执行飞行任务时失踪。

 本月小结

努力，让每一秒都过得有意义。

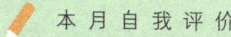 本月自我评价

本月最有成就感的事

8 月 AUGUST

阿尔伯特·爱因斯坦 ✏️

我们一来到世间,社会就在我们面前竖起一个巨大的问题,你怎样度过一生?我从来不把安逸和享乐看作是生活的目的本身。

本月目标

本月计划

建军节

有志者，事竟成，破釜沉舟，百二秦关终属楚；苦心人，天不负，卧薪尝胆，三千越甲可吞吴。

蒲松龄
1640.6.5—1715.2.25 | 清代志怪小说作家，代表作品有《聊斋志异》。

History
历史上的今天
1774年8月1日：英国化学家普利斯特列在实验室加热氧化汞时发现氧气。

高效学习

状元学习法

2019 年安徽省理科状元王杜宸（总分 710 分）

首先要保证学习效率，备战高考期间每天睡眠时间会控制在 7 个小时左右。其次是要跟上老师的节奏，在完成课内任务的前提下，如果有课外时间，可以提前预习或做点题目。每个人的学习方法可能都不一样，但一定要找到适合自己的。

2019 年安徽省文科状元刘鑫（总分 681 分）

注重学习方法训练，错题集就发挥了很大作用；还有一点就是要平衡好学习和生活的关系，到了高三熬夜免不了，但要尽量保障休息时间，疲劳战的效果甚微。

Highlights
我的今天 ✏️

距我的高考仅

309 天

8月2日　2　星期 ____

一个人要是跌进水里,他游泳游得好不好是无关紧要的,反正他得挣扎出去,不然就得淹死。

威廉·毛姆

William Maugham,1874.1.25—1965.12.16 | 英国小说家、剧作家,弃医从文,写作了70年,代表作品有《人性的枷锁》《月亮和六便士》。

History
历史上的今天

2000年8月2日:武汉大学、武汉水利电力大学、武汉测绘科技大学、湖北医科大学合并组建新的武汉大学。

名校速览

武汉大学

985院校 211院校 教育部直属 双一流建设高校

创办时间：1893年
地理坐标：湖北武汉
校 庆 日：11月29日
校   训：自强，弘毅，求是，拓新
一流学科：理论经济学、法学、马克思主义理论、化学、地球物理学、生物学、土木工程、水利工程、测绘科学与技术、口腔医学、图书情报与档案管理

　　武汉大学简称"武大"，其前身是张之洞在武昌创办的自强学堂，它揭开了我国近代高等教育的序幕，1928年定名国立武汉大学，是我国建立最早的国立大学之一。

　　武汉大学景色优美，每年武汉大学的樱花进入盛花期，会吸引大量游客前来观赏，因此武汉大学也被誉为"全国最美的大学之一"。

　　辜鸿铭、闻一多、郁达夫、易中天、雷军等是武汉大学的校友。

Highlights
我的今天 ✏

距我的高考仅

308 天

8月3日 ③ 星期 ____

一个年轻人只要下定决心，没有什么事是他办不到的。

亨利·福特
Henry Ford，1863.7.30—1947.4.8 | 美国福特汽车公司创立者，世界上第一位成功将装配线概念实际应用于工厂的人。

History
历史上的今天
1949年8月3日：美国国家篮球协会（NBA）组建成立。

✅ 一周计划

好的计划是成功的坚实基础。

计划	核查
计划完成的事项	☐ ☐ ☐ ☐ ☐ ☐ ☐
计划开启的事项	☐ ☐ ☐ ☐ ☐ ☐ ☐

你太胆小,害怕未来,担心考试,担心工作,老是担心明天,怎么能把握今天?

兰彻

2009 年上映的印度电影《三傻大闹宝莱坞》主角。该影片创下了宝莱坞电影全球票房最高纪录。

History
历史上的今天

1998 年 8 月 4 日:长江学者奖励计划全面启动。

😊 再苦也要笑一笑
学霸的世界你不懂

学霸和普通学生根本不在同一个世界之中。举个例子吧：

高三的时候，我的数学成绩不太好，虽然学习很用功，但不见成效。有一天，我向班上的学霸请教："高考数学如何考到 140 分？"

"少写两道填空题就行了。"

Highlights
我的今天 ✏

距我的高考仅

306 天

8月5日 ⑤ 星期____

人生须知负责任的苦处,才能知道有尽责的乐趣。

梁启超
1873.2.23—1929.1.19 | 思想家、政治家、文学家。他倡导"新文化运动",支持"五四运动"。

History
历史上的今天

1921年8月5日:第一辆无人驾驶、由无线电操纵的汽车在美国试验成功。

 榜样力量

张充和：民国最后一位才女

1933年，沈从文与张兆和在北京结婚，四妹张充和去参加婚礼，随后就一直住在北京。家里人劝她考大学，她也想不妨一试，于是就到北大旁听。

当时北大入学考试要考国文、史地、数学和英文，张充和见到数学就头大，她在16岁前根本就不知道什么叫几何、代数。她干脆放弃，把复习的精力全用在其他三科上。第二年临考的那天，家人为她备好圆规、三角尺等作图工具。她说"没用"，因为她连题目都看不懂。数学当然得了零分。但她的国文考了满分，尤其是作文《我的中学生活》写得文采飞扬，受到阅卷老师的激赏。

考试委员会资深评委、北大文学院院长兼中国文学系主任胡适希望录取这名优异生。但是录取规则明文规定，凡有一科为零分者不予录取。考试委员会向数学阅卷老师施压，希望"网开一面"给几分。那阅卷老师软硬不吃，复判后仍给零分。胡适亲自过问，北大才"破格录取"了张充和。张充和后来成为书法、绘画、昆曲、诗词"四绝大师"，被尊称为"民国最后一位才女"。

Highlights
我的今天

你不应该只是梦想你的电影,
你要把它拍出来!

史蒂芬·斯皮尔伯格
Steven Spielberg,1946.12.18— ｜美国著名导演,代表作品有《侏罗纪公园》系列、《夺宝奇兵》系列、《辛德勒的名单》和《拯救大兵瑞恩》。

History
历史上的今天
2012年8月6日:"好奇号"跨越了5.6亿千米的距离之后成功登陆火星。

 名校速览

浙江大学

985 院校　211 院校　教育部直属　双一流建设高校

创办时间：1897 年
地理坐标：浙江杭州
校 庆 日：5 月 21 日
校　　训：求是创新
一流学科：化学、生物学、生态学、机械工程、光学工程、材料科学与工程、动力工程及工程热物理、电气工程、控制科学与工程、计算机科学与技术、土木工程、农业工程、环境科学与工程、软件工程、园艺学、植物保护、基础医学、临床医学、药学、管理科学与工程、农林经济管理

　　浙江大学简称"浙大"，其前身求是书院创立于 1897 年，曾被英国著名学者李约瑟称誉为"东方剑桥"。

　　武侠小说泰斗金庸曾任浙大文学院院长，著名教育家、地理学家竺可桢曾任浙大校长，陈独秀、李政道等也是浙大的校友。

Highlights
我的今天 ✏

距我的高考仅 **304** 天

8月7日 ⑦ 星期____

人的命运哪,当然要靠自我奋斗,但也要考虑历史的进程,我一个"三无教授"也能拿诺贝尔奖的。

屠呦呦
1930.12.30— | 中国中医科学院终身研究员兼首席研究员,2015年获得诺贝尔生理学或医学奖。

History
历史上的今天
1944年8月7日:IBM正式推出世界上第一台程序控制计算机"马克一号"。

榜样力量

"三无"科学家获诺贝尔奖

屠呦呦几次被提名参选院士,都没有被选上,被众多媒体称为"三无"(没有博士学位、没有留洋背景和没有院士头衔)科学家。

2015年10月,屠呦呦因发现青蒿素治疗疟疾的新疗法,获诺贝尔生理学或医学奖。历经40年的艰苦鏖战,虽然一直没有得到认可,但屠呦呦并不在意,她的研究从未间断,最后修得正果。

Highlights
我的今天

距我的高考仅

3 0 3 天

8月8日 ⑧ 星期＿＿＿

当你全心全意梦想着什么的时候，整个宇宙都会协同起来，助你实现自己的心愿。

保罗·科埃略
Paulo Coelho，1947.8.24— ｜巴西著名作家，代表作品有《牧羊少年奇幻之旅》。

History
历史上的今天

1945年8月8日：美国签署《联合国宪章》，成为联合国第一个成员国。

 高效学习

状元学习法

2020 年湖北省理科状元唐楚玥
（总分 725 分，语文 146 分）

首先，大家可以把各科的复习计划尽量切分到每一天，让它们看起来很简单，然后每天坚持。
其次，我觉得大家不要走进盲目刷题的误区。做一些归纳整理还是非常值得的。
最后，我觉得自己做得还算不错的就是心态，以轻松的方式对待每一天的生活，同时用一点小小的紧张驱动自己学习。

2020 年广东省理科状元刘洋
（总分 716 分）

很多同学之所以不太喜欢学习，是因为体验到学习成功的经验太少。建议大家多设一些短期目标，甚至每天都应该制订详细的学习计划。这样，达成目标之后就会有成就感，就能激励大家继续努力学习。
达成目标之后，再制订新的短期目标，坚持下去。大家成功的体验越来越多，对学习也就越来越感兴趣。

Highlights
我的今天 ✏

距我的高考仅

302 天

8月9日 ⑨ 星期____

生活就像所有美好的东西一样,通过不断努力、不断练习,才能达到你对它的期待。

马克·扎克伯格
Mark Zuckerberg, 1984.5.14— | Facebook 公司创始人,他还在读高中时,微软公司就以98万美元的年薪招揽他,不过他仍选择进入哈佛大学学习。

History
历史上的今天

1897 年 8 月 9 日:首届国际数学家大会在瑞士苏黎世召开。

🏛 名校速览

中国科学技术大学

985院校　211院校　中科院直属　双一流建设高校

创办时间：1958年
地理坐标：安徽合肥
校 庆 日：9月20日
校　　训：红专并进，理实交融
一流学科：数学、物理学、化学、天文学、地球物理学、生物学、科学技术史、材料科学与工程、计算机科学与技术、核科学与技术、安全科学与工程

中国科学技术大学简称"中科大"，1958年创建于北京，首任校长是郭沫若，它的创办被称为"中国教育史和科学史上的一项重大事件"，1970年初迁址安徽合肥。

严济慈、华罗庚、钱学森、赵忠尧、郭永怀、赵九章、贝时璋都曾在此任教。

另外说到中科大，就不得不提少年班，它始建于1978年，是著名物理学家李政道一手促成的，是中国最早的少年班。中科大少年班每年会在全国各地遴选约50名13~16岁的少年，直接进入大学学习。

Highlights
我的今天 ✏

距我的高考仅

301 天

8月10日 ⑩ 星期____

我们之所以必须一步步走上山，就是为了可以坐车下山。

威廉·福克纳
William Faulkner, 1897.9.25—1962.7.6 | 美国小说家，1949年诺贝尔文学奖得主，代表作品有《喧哗与骚动》《我弥留之际》等。

History
历史上的今天
2011年8月10日：我国第一艘航空母舰——"辽宁"舰试航。

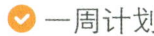 一周计划

好的计划是成功的坚实基础。

计划	核查
计划完成的事项	☐ ☐ ☐ ☐ ☐ ☐ ☐
计划开启的事项	☐ ☐ ☐ ☐ ☐ ☐ ☐

距我的高考仅

300 天

8月11日 （11） 星期____

伟大的生活目标不是知识，而是行动。

托马斯·赫胥黎

Thomas Huxley，1825.5.4—1895.6.29 | 英国生物学家，代表作品有《进化论与伦理学》。严复翻译的《天演论》即为《进化论与伦理学》的一部分。

History
历史上的今天

1872 年 8 月 11 日：清政府派出首批 30 名幼童赴美留学，这是我国首次派遣留学生出洋。

☑ **300**天计划表

距我的高考仅

299 天

8月12日 ⑫ 星期 ____

努力过,失败过,没关系,屡战屡败,屡败屡战,每一次失败都比上一次更好。

塞缪尔·贝克特
Samuel Beckett,1906.4.13—1989.11.10 | 法国作家、荒诞派戏剧的代表人物,1969年诺贝尔文学奖得主,代表作品有《等待戈多》。

History
历史上的今天
2011年8月12日:科学家发现了已知最黑暗的行星 TrES-2b。

⭐ 榜样力量

考霸韩愈

韩愈 19 岁参加进士考试，连考三次不中，第四次终于考中。古时乡试、会试都是连考三场，每场三天，考生吃喝拉撒全在考场里面。韩愈为了功名也是蛮拼的，算下来，他光在考场就待了一个多月啊。

别以为这下光明了，要成为公务员，吏部那里还要考一次，韩愈又连考三次不中。

考不上就走后门，他给宰相写信，连写三封都石沉大海。他又登门拜访，三次上门都被轰出来。

走后门不行，回来接着考，32 岁时，终于考上了。

Highlights
我的今天 ✏️

距我的高考仅

298 天

8月13日 ⑬ 星期 ____

我成功的原因在于:我从不找借口,也绝不接受借口。

弗洛伦斯·南丁格尔
Florence Nightingale,1820.5.12—1910.8.13 | 英国护士和统计学家,1853年成为伦敦慈善医院的护士长。为纪念她对人类的贡献,国际红十字会设立了南丁格尔奖,国际护士理事会将她的诞生日定为国际护士节。

History
历史上的今天

1937年8月13日:淞沪会战开始,这是我国在抗日战争中的第一场大型会战。

名校速览

南京大学

985院校　211院校　教育部直属　双一流建设高校

创办时间：1902年
地理坐标：江苏南京
校 庆 日：5月20日
校　　训：诚朴雄伟，励学敦行
一流学科：哲学、理论经济学、中国语言文学、外国语言文学、物理学、化学、天文学、大气科学、地质学、生物学、材料科学与工程、计算机科学与技术、化学工程与技术、矿业工程、环境科学与工程、图书情报与档案管理

　　南京大学简称"南大"，是高等学府中首开"女禁"、引领男女同校之风的高校，是最早在我国开展现代学术研究、建立最早的现代科学研究实验室的高校，被国际上誉为"东方教育的中心"。

　　南大的前身是三江师范学堂，此后历经两江师范学堂、南京高等师范学校、国立东南大学、国立第四中山大学、国立中央大学、国立南京大学等历史时期，于1950年更名为南京大学。

　　吴健雄、杨洁篪、朱光亚等是南大的知名校友。

Highlights
我的今天 ✏

一定要在战争中学会战争，一定要在游泳中学会游泳。

任正非

1944.10.25— | 华为公司创始人，用 2.4 万元创业华为公司，并将华为打造成为行业世界第一，2018 年被评为"改革开放 40 年百名杰出民营企业家"之一。

History
历史上的今天

1997 年 8 月 14 日：科学家发现 11.7 万年前人类祖先脚印的化石，这是迄今为止所发现的最早的人类祖先的足迹。

🏅 榜样力量

任正非：只要不服输，就永远有赢的机会

任正非44岁的时候被骗了200万，被国企开除，请求留任被拒绝，还背负着需要偿还国企的200万元债务。妻子又和他离了婚，他带着老爹老娘弟弟妹妹在深圳住棚屋，创立华为公司。

他没有资本、没有人脉、没有资源、没有技术、没有市场经验，唯有勇敢向前。

他用了27年，把华为带到世界500强、行业世界第一的位置。

不要觉得跌倒可怕，可怕的是跌倒后再也站不起来。

Highlights
我的今天 ✏️

距我的高考仅

296 天

8月15日　15　星期 ____

日本无条件投降日

如果你想要成功,这很简单:知道你在做什么,爱你做的事,相信你做的事。

威尔·罗杰斯
Will Rogers,1879.11.4—1935.8.15 | 美国幽默大师,美国所有带有"威尔·罗杰斯"的机场、公路、医院,甚至核潜艇,都是为了纪念他。

History
历史上的今天

1945年8月15日:日本天皇裕仁以广播《终战诏书》的形式,向公众宣布接受无条件投降。

🎓 高效学习

状元学习法

2019 年重庆市理科状元刘昶
（总分 714 分）

> 把最重要的事情放在最前面做。把自己觉得最重要的、最薄弱的学科，放在最前面做。

2019 年重庆市文科状元王雅梦
（总分 686 分）

> 一是制订目标和计划，明确自己的方向；二是自律和专注，充分利用好白天的时间学习；三是反思和总结，在遇到错题或考试出错时，及时整理和弄懂，加强巩固薄弱的地方。

Highlights
我的今天 ✏️

距我的高考仅

2 9 5 天

8月16日 16 星期____

在生活中没有旁观者,我爱生活,并且为它而战斗。

尤利乌斯·伏契克
Julius Fucik,1903.2.23—1943.9.8 | 捷克作家,代表作品有《绞刑架下的报告》。

History
历史上的今天

1913年8月16日:日本东北大学招收女生,成为日本第一个招收女生的大学。

🏛 名校速览
东南大学

985院校　211院校　教育部直属　双一流建设高校

创办时间：1902 年
地理坐标：江苏南京
校 庆 日：6 月 6 日
校　　训：止于至善
一流学科：机械工程、材料科学与工程、电子科学与技术、信息与通信工程、控制科学与工程、计算机科学与技术、建筑学、土木工程、交通运输工程、生物医学工程、风景园林学、艺术学理论

　　东南大学简称"东大"，其前身是创建于 1902 年的三江师范学堂。历经国立东南大学、国立中央大学等发展时期，1952 年原国立中央大学被拆解，并入复旦大学、上海交通大学、浙江大学、金陵大学，在国立中央大学本部原址建立了南京工学院，1988 年复更名为东南大学。

　　"两弹一星"元勋黄纬禄和任新民等都是东大的校友。

Highlights
我的今天 ✏️

距我的高考仅

294 天

8月17日 星期____

要选择最正确的道路,哪怕它多么崎岖不平,习惯了就会觉得平坦舒服。

毕达哥拉斯
Pythagoras,前570—前495 | 古希腊哲学家、数学家、音乐理论家,毕达哥拉斯主义的创立者,他认为数学可以解释世界上的一切事物。

History
历史上的今天

1982年8月17日:全球首张CD在德国诞生。

 一周计划

好的计划是成功的坚实基础。

计划	核查
计划完成的事项	☐ ☐ ☐ ☐ ☐ ☐ ☐
计划开启的事项	☐ ☐ ☐ ☐ ☐ ☐ ☐

距我的高考仅

293 天

8月18日 (18) 星期 ____

人生是一场牌局，拿什么牌，是命中注定；如何出牌，操之在己。

贾瓦哈拉尔·尼赫鲁
Jawaharlal Nehru，1889.11.14—1964.5.27 | 印度独立后首任总理，印度在位时间最长的总理，不结盟运动的创始人，其女儿英迪拉·甘地也担任两届总理。

History
历史上的今天

1868年8月18日：法国天文学家皮埃尔·詹逊在印度对日全食的光谱进行观测时，首次发现氦元素。

😊 再苦也要笑一笑

人被逼急能做什么

老妈,别逼我啊。

怎么了?

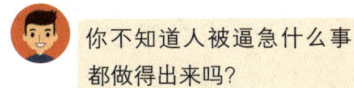

你不知道人被逼急什么事都做得出来吗?

数学题恐怕不行。

Highlights
我的今天 ✏️

中国医师节

人生路上本来就少不了困难挫折，对于这些挫折，不再逃跑，勇敢面对，才是最好的方法。

《垫底辣妹》
日本电影，讲述成绩垫底的女高中生用一年时间努力学习，最后考入亚洲第一私立学府日本庆应大学的故事。

History
历史上的今天
1994 年 8 月 19 日：中央国家机关首次招考公务员。

⭐ 榜样力量

垫底辣妹：从垫底到考上日本最好的私立大学

　　故事讲述了一位原本生活放纵、只有小学四年级程度的高中二年级辣妹"彩加"受到坪田的指导，提升自己的学习成绩后，最终考上庆应大学的历程。

　　在此过程中，挫折和打击接踵而至，早已习惯了失败的彩加自信心接连受到打击。学校老师一直指责她上课睡觉、不用心；明明非常努力却在模拟考中失利；父亲只疼爱棒球校队的弟弟而忽视自己与妹妹；而妈妈为了自己的补课费还打零工、四处借贷；弟弟的叛逆等各种因素让彩加心中受尽折磨。

　　好在坪田、母亲以及喜欢她的补习班同学森玲司等人时刻在旁边鼓励，她才能鼓起勇气站起来。她不眠不休地努力，擦干泪水和汗水继续拼搏，感动了爸爸，弟弟也重新振作，就连森玲司也从问题少年变身苦读学子。而不知不觉中，这位曾经成绩垫底的小辣妹距离她的目标越来越近……

Highlights
我的今天 ✏️

既然无所事事也难逃一死,何不奋斗终身。

荷马

Homer,约前 9 世纪—前 8 世纪 | 古希腊诗人,其代表作品《荷马史诗》在很长时间里影响了西方的宗教、文化和伦理观。

History
历史上的今天

1990 年 8 月 20 日:我国第一条开工建设的高速公路沈阳至大连高速公路全线试通车。

▲ 西安交通大学逸夫科学馆

名校速览

西安交通大学

985院校　211院校　教育部直属　双一流建设高校

创办时间：1896年
地理坐标：陕西西安
校 庆 日：4月8日
校　　训：精勤求学，敦笃励志，果毅力行，忠恕任事
一流学科：力学、机械工程、材料科学与工程、动力工程及工程热物理、电气工程、控制科学与工程、管理科学与工程、工商管理

　　西安交通大学简称"西安交大"，是我国最早兴办的高等学府之一，其前身是1896年创建于上海的南洋公学，1956年内迁西安，1959年定名西安交通大学。

　　不同于其他高校，西安交大除了学院还有书院。书院是生活化管理模式，一般以几栋宿舍楼为一个书院，校运会、辩论赛等都是以书院为单位进行的。各书院还经常举办特色活动。

　　蔡元培、黄炎培、李叔同、蔡锷、钱学森等都是西安交大的校友。

Highlights
我的今天 ✏

坚持自我，坚持对胜利的无限渴望，坚持学习，坚持努力——这就是黑曼巴的精神，是成功的秘诀。

科比·布莱恩特
Kobe Bryant，1978.8.23—2020.1.26 | NBA 最伟大的球员之一，总共为湖人队拿下 5 次 NBA 总冠军，2 次荣获 NBA 总决赛最有价值球员。

History
历史上的今天

1609 年 8 月 21 日：意大利科学家伽利略展示了人类历史上第一架按照科学原理制造出来的望远镜。

 榜样力量

科比：拼搏到无能为力

有一次，科比在接受采访时说："我唯一一次决定休息，是因为连路都走不了了。关于这件事的关键在于，你的比赛、你的赛季乃至你的职业生涯都转瞬即逝，所以，你想要确保自己尽可能不错过其中的任何瞬间。

"另外一个方面需要考虑的，就是那些拖家带口来看球的球迷，其中还有孩子。这可能是他们唯一一次看到你的机会，他们用辛勤劳动所得攒钱买票来看你表演，所以，如果你能走路，就应该上场去奉献表演。"

高考也是很多人唯一的一次上场。少年，努力吧，至少也要对得起自己的内心。

Highlights
我的今天 ✏

距我的高考仅

289 天

8月22日 22 星期＿＿＿

读书之法，在循序而渐进，熟读而精思。

朱熹

1130.10.22—1200.4.23 ｜ 南宋理学家，被尊称为朱子。辑定《大学》《中庸》《论语》《孟子》为"四书"，作为后代科举应试的科目。

History
历史上的今天
1864 年 8 月 22 日：红十字国际委员会成立。

🎓 高效学习

状元学习法

2019 年辽宁省理科状元王治同
（总分 707 分）

虽然说很多同学都有一套自己的学习经验，但我认为毕竟老师最有经验，听老师的指导会让我少走很多弯路。上课一定认真听课，首先是保证睡眠，不推荐熬夜，每天给自己一个好的精力去听课。

2019 年辽宁省文科状元张浩研
（总分 679 分）

成绩优异的诀窍就是白天抓紧学习时间，保证课堂的学习效率。

Highlights
我的今天 ✏️

这些平常的、卑微的、不起眼的琐碎日子,就这样成了永恒。

雷蒙德·卡佛
Raymond Carver,1938.5.25—1988.8.2 | 美国短篇小说家、诗人,代表作品有《请你安静些,好吗?》。

History
历史上的今天
1884 年 8 月 23 日:法国舰队袭击福建水师,马尾海战爆发。

▲ 西北工业大学　©星巴克女王

 名校速览

西北工业大学

985院校　211院校　工信部直属　双一流建设高校

创办时间：1938年
地理坐标：陕西西安
校 庆 日：10月8日
校　　训：公诚勇毅
一流学科：机械工程、材料科学与工程、航空宇航科学与技术

　　西北工业大学简称"西工大"，学校最早可追溯到1938年在汉中建立的国立西北工学院。

　　西工大是我国唯一一所以同时发展航空、航天、航海人才培养和科学研究为特色的全国重点大学。

　　全国第一架小型无人机、第一台地效飞行器、第一台50千克级水下无人智能航行器、第一台航空机载计算机均诞生在西工大。

Highlights
我的今天 ✏

距我的高考仅

287 天

8月24日　24　星期＿＿＿

赶快奔向目标。如果你珍惜你自己，赶快放弃一切妄念，趁着尚可为力的时候救救自己吧！

马可·奥勒留

Marcus Aurelius，121.4.26—180.3.17 | 古罗马皇帝、斯多葛派哲学家，代表作品有《沉思录》。

History
历史上的今天
1992年8月24日：我国与韩国正式建立大使级外交关系。

✅ 一周计划

好的计划是成功的坚实基础。

计划	核查
计划完成的事项	☐ ☐ ☐ ☐ ☐ ☐ ☐
计划开启的事项	☐ ☐ ☐ ☐ ☐ ☐ ☐

距我的高考仅

286 天

8月25日 (25) 星期____

我们的心智需要放松，倘若不进行一些娱乐活动，精神就会垮掉。

莫里哀
Moliere，1622.1.15—1673.2.17 ｜ 法国喜剧作家、法国芭蕾舞喜剧的创始人，代表作品有《伪君子》《悭吝人》。

History
历史上的今天
1958年8月25日：全球第一袋方便面问世。

😊 再苦也要笑一笑

看书看得走火入魔了

有一次上课,一位同学很饿,就把方便面泡了。为了不让老师发现就将书立起来,头埋下去,但是热气还是冒了出来。

老师很冷静地说了一句:"这是哪位同学,看书看得走火入魔了?"

Highlights
我的今天 ✏

距我的高考仅

285 天

8月26日 26 星期____

坐着等待,好运不会从天而降。就算命中注定,也要自己去把它找出来。

李安
Ang Lee,1954.10.23— ｜ 国际著名导演,是第一位能在奥斯卡奖、英国电影学院奖以及金球奖这三大世界性电影颁奖礼上夺得最佳导演奖的华人导演。

History
历史上的今天
1920 年 8 月 26 日:美国妇女获得选举权。

榜样力量
李安：连考三次的导演

李安在大学联考时接连两次落榜。第一年联考以6分之差落榜，第二年重考，数学竟差了0.6分，再度落榜。多年以后，李安回忆当时的心情，说："二度落榜，在我们家有如世界末日，我根本没想到会发生在我身上。"

他把桌上的台灯、书本一把扫到地上，然后跑出家门透透气。高一时他就梦想当导演，后来他考上艺专影剧专业，感觉自己的"灵魂第一次获得解放"。1999年，他执导的《卧虎藏龙》获得奥斯卡最佳外语片奖及3个技术奖项。此后在2006年和2013年，他两度获得奥斯卡金像奖"最佳导演奖"，成为亚洲导演第一人。

坚持自己的目标，拿出跟自己拼了的勇气，即使接连的冷水，也浇灭不了我们心中的梦想之焰。

Highlights
我的今天

我是个蒸不烂、煮不熟、捶不匾、炒不爆，响当当一粒铜豌豆。

关汉卿
约 1220—1300 | "元曲四大家"之首，西方人称他为"东方的莎士比亚"，代表作品有《单刀会》《窦娥冤》。

History
历史上的今天

1912 年 8 月 27 日：国家图书馆的前身——京师图书馆正式开馆接待读者。

 名校速览

西北农林科技大学

985院校　211院校　教育部直属　双一流建设高校

创办时间：1934年
地理坐标：陕西杨凌
校 庆 日：9月10日
校　　训：诚朴勇毅
一流学科：植物保护、畜牧学

　　西北农林科技大学简称"西农"或"西北农大"，是西北地区现代高等农业教育的发源地，也是全国农林水学科最为齐备的高等农业院校，葡萄酒专业稳居全国第一。

　　其实早在新中国成立之前，西农就已经是一所在国内外具有重要影响的知名大学了，但到现在仍有不少同学对它毫无了解。因为它加入211、985的时间比较晚，而且地处距西安近百千米的小城市，所以很多同学都没有注意到它。但西农的实力还是相当雄厚的，有志承远古农神后稷之志的"童鞋"可以考虑哦。

▲ 西北农林科技大学北校区3号教学楼　©Endurancelei

Highlights
我的今天 ✏

距我的高考仅

283 天

8月28日　28　星期 ____

如果你的梦想还在,就没有人能使你倒下。

马丁·路德·金

Martin Luther King,1929.1.15—1968.4.4 | 美国著名民权运动领袖,1964年获得诺贝尔和平奖。

History
历史上的今天
1963年8月28日:马丁·路德·金演讲《我有一个梦想》。

🏅 榜样力量

马丁·路德·金：我有一个梦想（节选）

我梦想有一天，在佐治亚的红山上，昔日奴隶的儿子将能够和昔日奴隶主的儿子坐在一起，共叙兄弟情谊。

我梦想有一天，甚至连密西西比州这个正义匿迹、压迫成风、如沙漠般的地方，也将变成自由和正义的绿洲。

我梦想有一天，我的四个孩子将在一个不是以他们的肤色，而是以他们的品格优劣来评判他们的国度里生活。

我今天有一个梦想。

我梦想有一天，亚拉巴马州能够有所转变，尽管该州州长现在仍然满口异议，反对联邦法令，但有朝一日，那里的黑人男孩和女孩将能够与白人男孩和女孩情同骨肉，携手并进。

我今天有一个梦想。

我梦想有一天，幽谷上升，高山下降，坎坷曲折之路成坦途，圣光披露，满照人间。

Highlights
我的今天 ✏️

学到很多东西的诀窍,就是不要一下子学很多的东西。

约翰·洛克

John Locke,1632.8.29—1704.10.28 | 英国哲学家,与乔治·贝克莱、大卫·休谟被列为英国经验主义的代表人物。

History

历史上的今天

1901 年 8 月 29 日:科举改革,废八股废武科。

🎓 高效学习

状元学习法

2019 年黑龙江省理科状元王涵
（总分 707 分）

提高语文的方法，最根本的就是要多阅读，广泛涉猎，既开阔眼界增长自己的多方位见识，又能增强自己的阅读理解能力。

至于数学，简单题考查你不粗心、注意题目中的陷阱，而难题则考查你深入研究的能力。在平常数学的练习中，就要注意将这些不同的题型进行分类练习。

而英语的学习过程中，最重要的是利用零碎时间去背诵，像单词、语法和一些词组固定搭配。

2019 年黑龙江省文科状元张子昂
（总分 672 分）

文综需要反复看错题，思维一定要清晰。现在的文科主要考查学习能力，靠素养和能力来解题，不可能照本照抄，需要做到具体问题具体分析。

Highlights
我的今天 ✏

距我的高考仅

281 天

8月30日 30 星期 ____

不管前方的路有多苦,只要走的方向正确,不管多么崎岖不平,都比站在原地更接近幸福。

宫崎骏
1941.1.5— | 日本动画师、动画导演、漫画家,代表作品有《千与千寻》等。2014年获奥斯卡荣誉奖项"主席奖"。

History
历史上的今天
1945年8月30日:道格拉斯·麦克阿瑟抵达日本,盟军开始占领日本。

▲ 重庆大学文字斋　　©Wasale

名校速览

重庆大学

985 院校　211 院校　教育部直属　双一流建设高校

创办时间：1929 年
地理坐标：重庆
校 庆 日：10 月 12 日
校　　训：耐劳苦，尚俭朴，勤学业，爱国家
一流学科：机械工程、电气工程、土木工程

　　重庆大学简称"重大"，创办于 1929 年，早在 20 世纪 40 年代就成为拥有文、理、工、商、法、医 6 个学院的国立综合性大学。

　　重大校园秀美，氛围幽静，夏天观荷花，秋天赏银杏，校园里还有寅初亭、文字斋、七七抗战大礼堂等老建筑。

　　任正非、张国立、唐艺昕等是重大的校友。

Highlights
我的今天 ✏

距我的高考仅 **280** 天

8月31日 ㉛ 星期 ____

对酒当歌,人生几何?譬如朝露,去日苦多。

曹操
155—220.3.15 | 东汉末年著名的政治家、军事家、文学家、书法家,文学作品有《观沧海》等。

History
历史上的今天

1947年8月31日:联合国建议将巴勒斯坦一分为二,这是国际组织第一次提议成立犹太人的国家。

本月小结

努力,让每一秒都过得有意义。

本月自我评价

本月最有成就感的事

9月 SEPTEMBER

弗里德希希·尼采 ✏️

我向着我的目标前进，我遵循着我的路途，我越过踌躇者与落后者。我的前进将是他们的没落！

本月目标

本月计划

既然我已经踏上这条道路,那么,任何东西都不能妨碍我沿着这条路走下去。

伊曼努尔·康德
Immanuel Kant,1724.4.22—1804.2.12 | 德国哲学家,代表作品有《纯粹理性批判》《实践理性批判》和《判断力批判》。

History
历史上的今天

1953年9月1日:中国人民解放军国防科技大学成立。

🎓 高效学习
状元学习法

2019 年四川省理科状元张家杰
（总分 718 分，数学满分）

> 整个高考备考过程，是比较辛苦的，也会有很大的压力，所以需要找到适合自己的解压方式。

2019 年四川省文科状元刘琦丽
（总分 681 分）

> 就算做不来也没关系，刷数学题的过程中，思维能得到明显锻炼。难度高的数学题，确实需要思维能力，这个需要不断地锻炼。

Highlights
我的今天 ✏️

9月2日 2 星期____

我可能是出生于一个肮脏简陋的地方,但我已下定决心要与风及星星一起旅行。

杰奎琳·科克伦
Jacqueline Cochran,1906.5.11—1980.8.9 | 美国飞行员先驱,第一位驾驶轰炸机穿越北大西洋的女飞行员,第一位驾驶飞机超越音障的女性,国际航空联合会第一位女性主席。

History
历史上的今天
1969年9月2日:全球首台ATM自动取款机亮相纽约。

😊 再苦也要笑一笑

高考前后判若两人

 妈,我饿了。

等会做饭。

 这话你半个小时前就说过了。我都饿死了。

饿死了还能说话!

 妈,我高考前你不是这样啊。那时我放学回家说饿,你总是说,饭早做好了,赶紧去吃吧。

现在不是高考过了吗?

 那我还是再读一年高三吧。

儿子,别啊,妈马上给你做饭去啊。

Highlights
我的今天 ✏

距我的高考仅

277 天

9月3日 ③ 星期＿＿＿

中国人民抗日战争胜利纪念日

业精于勤，荒于嬉；行成于思，毁于随。

韩愈
768—824.12.25 ｜唐代文学家，7岁才开始读书，19岁进京应试，连考三次均落榜，第四次终于考中进士。他的《祭十二郎文》与李密的《陈情表》、诸葛亮的《出师表》并列为中国三大抒情文。

History
历史上的今天
2112年9月3日：日本著名动漫《哆啦A梦》中的机器猫出生。

 名校速览

四川大学

985 院校　211 院校　教育部直属　双一流建设高校

创办时间：1896 年
地理坐标：四川成都
校 庆 日：9 月 29 日
校　　训：海纳百川，有容乃大
一流学科：数学、化学、材料科学与工程、基础医学、口腔医学、护理学

　　四川大学简称"川大"，其前身是创建于 1896 年的四川中西学堂，是西南地区最早的近代高等学校。

　　川大的校园格外美丽，春季百花争艳，夏季荷叶连天，秋季银杏叶落，冬季安详宁静。3 月海棠，4 月樱花，7 月荷花，10 月芙蓉……川大就像一座秘密花园，等待着你去发现她的美。

Highlights
我的今天

距我的高考仅

276 天

9月4日 4 星期＿＿

要热爱你在做的事，并且努力把它做好。

桑达尔·皮查伊
Sundar Pichai，1972.7.12—　|印度裔美国计算机工程师，2015 年出任谷歌公司首席执行官兼董事长。

History
历史上的今天
1998 年 9 月 4 日：互联网搜索引擎公司谷歌成立。

▲ 皮查伊在2015年世界移动通信大会的演讲　©Maurizio Pesce

榜样力量

皮查伊：从印度穷小子到谷歌首席执行官

皮查伊是印度土生土长的穷孩子。在他小时候，因为家里没有足够的卧室，他和弟弟一直睡在客厅里。没有汽车，皮查伊出门就挤公交或者一家四口一起挤在一辆小电动车上。

虽然家里穷，但并没有耽误皮查伊的教育，更没有埋没他的天赋。高中毕业后，他考入鼎鼎大名的印度理工学院。1993年皮查伊来到美国，在斯坦福大学攻读工程硕士学位，书包都买不起，一看要60美元，只好买了二手的。2004年进入谷歌后，皮查伊充分展现了自己的才能。没过多久，皮查伊的名字就与一些关键项目联系到一起：谷歌浏览器、安卓系统等。

后来，这位当年的印度穷小子，成功逆袭，成为谷歌公司首席执行官兼董事长，年薪高达2.8亿美元。

Highlights
我的今天 ✏

距我的高考仅

275 天

9月5日 5 星期____

中华慈善日、国际慈善日

在瞄准遥远目标的同时,不要轻视近处的东西。

欧里庇得斯
Euripides,前480—前406 | 与埃斯库罗斯、索福克勒斯并称为希腊三大悲剧大师,代表作品有《独目巨人》《美狄亚》。

History
历史上的今天

1997年9月5日:特蕾莎修女逝世。为了纪念她,联合国将每年9月5日定为国际慈善日。

📖 高效学习
状元学习法

2016 年四川省理科状元谢畅
（总分 709 分）

> 高考的本质就是考一个人的三观、思维能力和思想境界，所以平时在学习中要花时间去思考问题，多调整自己的思想境界，不只是一味地埋头做题。

2016 年四川省文科状元刘代蕾
（总分 663 分）

> 只要反复记忆，很容易把政治背熟；对于地理，要多看地图；学好历史的秘诀是多看书，不能死记硬背，要理解着来记。

Highlights
我的今天 ✏️

生命的过程,无论是阳春白雪、青菜豆腐,我都得尝尝是什么滋味,才不枉来走这么一遭!

三毛
1943.3.26—1991.1.4 | 作家,代表作品有《撒哈拉的故事》《亲爱的三毛》等。

History
历史上的今天
1522年9月6日:麦哲伦的船队完成人类历史上首次环球航行。

▲ 电子科技大学品学楼　　©LimSoo-jung

名校速览

电子科技大学

985 院校　211 院校　教育部直属　双一流建设高校

创办时间：1956 年
地理坐标：四川成都
校 庆 日：9 月第四个星期六
校　　训：求实求真，大气大为
一流学科：电子科学与技术、信息与通信工程

　　电子科技大学简称"电子科大"或"成电"，是新中国第一所无线电大学，被誉为中国电子类院校的排头兵。

　　电子科大本科生国内外深造率 67%，出国深造率超过 20%。由全校优秀学生组成的立人班更称得上是学霸班，其中一位学霸获得了 8 所国际名校的录取通知。

　　丁磊、孙亚芳、刘永言等都是电子科大的校友。

Highlights
我的今天 ✏

啊！必须朝更远更远的方向扯起风帆！

沃尔特·惠特曼
Walt Whitman，1819.5.31—1892.3.26 | 美国诗人，有"自由诗之父"的美誉，代表作品有《草叶集》。

History
历史上的今天

1901年9月7日：清政府被迫和英国、美国、日本、俄国、法国、德国、意大利、奥匈帝国等11国签订《辛丑条约》。

✓ 一周计划

好的计划是成功的坚实基础。

计划	核查
计划完成的事项	☐ ☐ ☐ ☐ ☐ ☐ ☐
计划开启的事项	☐ ☐ ☐ ☐ ☐ ☐ ☐

距我的高考仅 **272** 天

9月8日 8 星期____

国际扫盲日

我知道如果失败了,我不会后悔,但我一定会后悔从未尝试过。

杰夫·贝索斯
Jeff Bezos, 1964.1.12— | 美国亚马逊公司创始人,2019 年登上全球富豪榜榜首。

History
历史上的今天
1966 年 9 月 8 日:《星际迷航》在美国全国广播公司首播。

 再苦也要笑一笑

千万别向学霸学习

一学渣向英语学霸请教高效的学习法。

"学霸你好,我记不住单词,传授下你的方法啊。"

学霸说:"其实不难,QQ密码怎么记住的,你就怎么记。"

学渣听完,拿出手机,果断将QQ密码改成了一直记不住的单词。

结果,第二天醒来QQ上不去了……

Highlights
我的今天

距我的高考仅 271 天

9月9日 9 星期 ___

要想一下子全知道,就意味着什么也不会知道。

伊万·巴甫洛夫

Ivan Pavlov, 1849.9.26—1936.2.27 | 苏联生理学家、心理学家。"巴甫洛夫的狗"用来形容一个人反应不经大脑思考。因对消化系统的研究,他获得1904年的诺贝尔生理学或医学奖。

History
历史上的今天

1886年9月9日:《保护文学艺术作品伯尔尼公约》(简称《伯尔尼公约》)在瑞士首都伯尔尼签署,这是世界上第一个保护版权的国际公约。

🎓 高效学习

状元学习法

2018年江西省理科状元傅林柯
（总分718分）

每天把课余时间分成4个时段，进行分段式学习，再完成必要的课程。每周末都会做一周的学习安排，对一周28个时段进行安排。

2018年江西省文科状元刘梦
（总分674分）

老师上课讲的知识务必弄懂，如果有不明白的地方，下课后一定会及时向老师请教；做好错题集也是很重要的一环，对错题进行反思和总结，然后提炼其中的解题规律，这样下次再碰到相似题型直接套上去就可以了。

Highlights
我的今天 ✏️

教师节

少而好学，如日出之阳；壮而好学，如日中之光；老而好学，如秉烛之明。

刘向
前 77—前 6 | 西汉经学家、目录学家、文学家，代表作品有《别录》《说苑》《列女传》。

History
历史上的今天

1985 年 9 月 10 日：我国第一个教师节。

全球教师节

1994年，联合国教科文组织与国际劳工组织联合作出决定，把10月5日定为世界教师日，全球有100多个国家直接使用世界教师日作为教师节。除此之外，也有很多国家自己设定日子。

中华人民共和国成立后，教师节定为6月6日，1951年改为与国际劳动节同一天，1985年定为秋季新学年之初的9月10日。

韩国教师节是5月15日，为世宗大王诞辰日。在这天，学生会送康乃馨给老师，师生一起度过欢愉的一天。

越南教师节是11月20日。这天越南的所有学校都放假，学生向老师献花。

印度教师节是9月5日，这一天是教育家兼第二位总统萨瓦帕利·拉达克里希南爵士的生日。在传统上，印度教师节这天，学校教书的工作是交给较高年级的学生负责，让老师能够休假。

美国教师节是5月的第一个完整周（始自周日）的星期二，是个放假的节日。这一周被家庭教师协会指定为教师感恩周。

Highlights
我的今天 ✏

距我的高考仅

269 天

9月11日 11 星期____

承认失败是充实生活的一部分，但永远不要被失败所定义。

乔治·沃克·布什
George Walker Bush, 1946.7.6— | 美国第 43 任总统，由于与父亲同样担任过美国总统，因此又常被称为小布什。

History
历史上的今天

2001 年 9 月 11 日：美国世界贸易中心和五角大楼先后受到恐怖分子劫持的飞机的撞击，共造成 2996 人死亡。

榜样力量
小布什的快意人生

小布什竞选总统的对手戈尔 28 岁就当选为国会众议员,后来又当选为参议员。在任副总统 8 年期间,他与总统克林顿配合默契,活跃于国际外交舞台。

在戈尔当上国会议员的年龄,小布什对酒的兴趣比政治大得多。娶了温柔贤惠的劳拉为妻后,小布什才"改邪归正,重新做人"。他缺乏联邦和外交工作经验,更无国际影响。当了 8 年州长,只就近访问过墨西哥,其他哪儿也没有去。所以,在他宣布竞选总统时,很多政治观察家都不看好他。但就是这个原本显得毫无胜算的小布什,最终却击败政治老手戈尔,赢得大选。

即使人人都不看好你,只要你自己看好自己,也可以创造奇迹。

Highlights
我的今天

只要有信心、恒心与毅力，人类的潜能往往能达到我们难以想象的程度。

海伦·凯勒

Helen Keller，1880.6.27—1968.6.1 | 美国知名作家，第一位取得哈佛大学文学学士的聋盲人，代表作品有《假如给我三天光明》等。

History
历史上的今天

1916 年 9 月 12 日：世界上第一架无线电操纵的无人驾驶飞机在美国试飞。

高效学习
状元学习法

2016 年江西省理科状元计逸雄
（总分 700 分）

> 首先要知道学习的重要性，让自己有兴趣。然后要知道哪些知识是重点，哪些是难点，针对性地去学习。并且及时整理笔记，对知识分门别类，遇上典型题目摘抄下来及时总结。

2016 年江西省文科状元胡煜
（总分 643 分）

> 老师布置的任务，一定要按期完成，时时发现自己的弱点，然后及时补上，查漏补缺是关键。

Highlights
我的今天

我相信明天又是新的一天,我相信奇迹。

奥黛丽·赫本
Audrey Hepburn,1929.5.4—1993.1.20 | 英国知名音乐剧与电影演员,代表作品有《罗马假日》《蒂凡尼的早餐》《窈窕淑女》。

History
历史上的今天
2007 年 9 月 13 日:联合国大会通过《土著人民权利宣言》。

▲ 哈尔滨工业大学图书馆前的校训石

 名校速览

哈尔滨工业大学

985 院校　211 院校　工信部直属　双一流建设高校

创办时间：1920 年
地理坐标：黑龙江哈尔滨、山东威海、广东深圳
校 庆 日：6 月 7 日
校　　训：规格严格，功夫到家
一流学科：力学、机械工程、材料科学与工程、控制科学与工程、计算机科学与技术、土木工程、航空宇航科学与技术、环境科学与工程

　　哈尔滨工业大学简称"哈工大"，以"工程师的摇篮"而著称，1951 年被确定为全国学习国外高等教育办学模式的两所样板大学之一。

　　哈工大对报考清华、北大的高分落榜生非常照顾，每年为这些优秀学子留有一定名额，他们不仅有高额奖学金，还可以优先选择进入英才班或新加坡班。

　　哈工大与 40 多个国家和地区的近 300 所高校建立了合作关系，每年都会通过各种形式选派大量的优秀学生出国留学。

Highlights
我的今天 ✏

谋无主则困，事无备则废。

庄子

约前369—前286 ｜战国时期著名思想家、哲学家、文学家，道家学派的代表人物，后世将他与老子并称为"老庄"，代表作品有《庄子》。

History
历史上的今天
1905年9月14日：复旦大学的前身复旦公学正式开学。

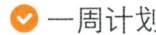 一周计划

好的计划是成功的坚实基础。

计划	核查
计划完成的事项	☐ ☐ ☐ ☐ ☐ ☐ ☐
计划开启的事项	☐ ☐ ☐ ☐ ☐ ☐ ☐

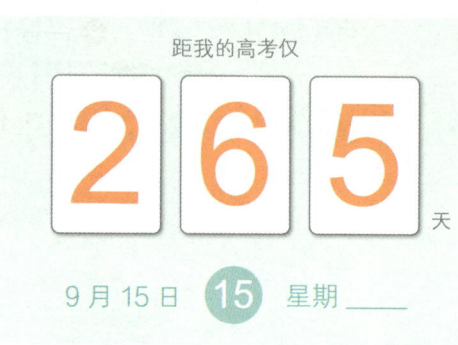

只有对自己充满信心,才能赢得胜利和嘉奖。

李小龙

1940.11.27—1973.7.20 | 武术家、截拳道创始人。他的名字是功夫电影甚至是中国武术的象征。他将"Kung Fu"一词写入了外文词典,是打入好莱坞的首位华人演员。

History
历史上的今天

1998年9月15日:杭州大学、浙江农业大学、浙江医科大学与老浙江大学合并成新的浙江大学。

😊 再苦也要笑一笑

考试中传来纸条

　　大一有一次期末考试,我和好朋友分到同一考场的前后桌,快到交卷之时,我卷子还是一片空白。正焦急中,前面的朋友传给我一张纸条,我那个激动啊,各种紧张,各种藏,最后终于颤抖着打开,上面赫然写着:中午吃什么?

Highlights
我的今天 ✏️

距我的高考仅

264 天

9月16日 16 星期 ___

保护臭氧层国际日

勤勉而顽强地钻研,永远可以使你百尺竿头更进一步。

罗伯特·舒曼
Robert Schumann, 1810.6.8—1856.7.29 | 德国作曲家,浪漫主义音乐成熟时期代表人物之一,代表作品有《童年情景》《狂欢节》等。

History
历史上的今天
1810年9月16日:墨西哥宣布独立。

🎓 高效学习

状元学习法

2019 年浙江省状元徐嘉骜
（总分 720 分，理综满分）

> 我不会以做题为目标，而是以学习完整的知识体系为目标，把以前学过的东西联系起来。

Highlights
我的今天 ✏️

距我的高考仅

263 天

9月17日　17　星期 ____

任何一样东西，你渴望拥有它，它就盛开。

马塞尔·普鲁斯特

Marcel Proust，1871.7.10—1922.11.18 ｜ 法国作家、意识流文学的先驱与大师，也是20世纪世界文学史上最伟大的小说家之一，代表作品有《追忆似水年华》。

History

历史上的今天

1965年9月17日：我国在世界上首次人工合成牛胰岛素。

 名校速览

哈尔滨工程大学

`211 院校` `工信部直属` `双一流建设高校`

创办时间：1953 年
地理坐标：黑龙江哈尔滨
校 庆 日：9 月 1 日
校　　训：大工至善，大学至真
一流学科：船舶与海洋工程

　　哈尔滨工程大学简称"哈工程"，其前身是创建于 1953 年的中国人民解放军军事工程学院，是国家"三海一核"领域重要的人才培养和科学研究基地。

　　哈工程不仅取得了第一艘实验潜艇、第一艘水翼艇、第一台舰载计算机、第一套条带测深仪等数十项填补国内空白的重大科研成果，而且还以双工型潜器、气垫船、梯度声速仪等成果摘取过世界第一的桂冠。

Highlights
我的今天 ✏

衡量一个人的成功标志,不是看他登到顶峰的高度,而是看他跌到低谷的反弹力。

乔治·巴顿
George Patton,1885.11.11—1945.12.21 | 美国陆军四星上将,被称为"血胆将军"。为纪念他,美国在"二战"后设计的首款坦克 M46 被命名为"巴顿坦克"。

History
历史上的今天

1988 年 9 月 18 日:世界上第一所大学——博洛尼亚大学举行建校 900 年校庆。

榜样力量

巴顿将军：诺曼底登陆前在美第三集团军士兵前的演讲（节选）

弟兄们，你们所听到的那些有关美国人不想打仗，只想置身事外的说法，都是一派胡言。美国人爱打仗。所有真正的美国人都爱战场上的刺激和交锋。当你们还是孩子的时候，你们都会崇拜弹子球冠军、跑得最快的人、大联盟球员和最强悍的拳击手。美国人爱戴赢家而且不能容忍输家。美国人每一次都会赢。这也是为什么美国人从来都没有输过而且永远也不会输掉一场战争。美国人对输的念头都感到可恨。战斗是一个人能够参加的最重要的比赛。它会让所有最好的脱颖而出，让底层的彻底淘汰。

…………

等战争结束你们这些男子汉回到家以后，你们就有资格说一件事。30年后，当你坐在壁炉边，你膝盖上的孙子问你："你在那场伟大的第二次世界大战期间都干了什么？"你不用咳嗽一声说："这个嘛，你爷爷在路易斯安那州铲粪。"不，先生们，你可以直视他的眼睛说："孩子，你爷爷当时正和伟大的第三集团军，还有那个狗娘养的乔治·巴顿并肩作战！"

Highlights
我的今天

距我的高考仅

261 天

9月19日 19 星期____

虽有卓绝之才能而无一心不乱之勤勉、百折不挠之精神者，不能立身也。

亚历山大大帝
Alexander the Great，前 356.7.20—前 323.6.10 ｜ 曾师从亚里士多德，被认为是历史上最成功的军事统帅之一。

History
历史上的今天
2014 年 9 月 19 日：阿里巴巴于纽约证券交易所上市，创美股最大 IPO 纪录。

 高效学习

状元学习法

2016 年浙江省理科状元张振宇
（总分 749 分，数学满分）

每堂课前进行预习，相当于先自学一遍，等到老师开讲，自己对于知识点可以更好地吸收。此外，还要注重课后的知识点巩固，因为即使课堂上懂了，没准过几天就忘了，所以需要一个及时的巩固练习。

2016 年浙江省文科状元王至纯
（总分 733 分，数学满分）

数学复习的过程中，我会额外做一些难题，不管是会做的还是不会做的，只要是我觉得难的，我都会认真地做笔记把它记下来，最后集合成一本难题集，在临近考试的时候拿出来看看，体会其中的解法。

Highlights
我的今天 ✏

距我的高考仅 **260** 天

9月20日 20 星期____

全国爱牙日

咬定青山不放松,立根原在破岩中。千磨万击还坚劲,任尔东西南北风。

郑板桥
1693.11.22—1766.1.22 | 原名郑燮,人称板桥先生。客居扬州,以卖画为生,为"扬州八怪"之一。

History
历史上的今天
1958年9月20日:中国科学技术大学举行成立暨开学典礼。

🏛 名校速览

东北林业大学

`211 院校　教育部直属　双一流建设高校`

创办时间：1952 年
地理坐标：黑龙江哈尔滨
校 庆 日：7 月 10 日
校　　训：学参天地，德合自然
一流学科：林业工程、林学

　　东北林业大学简称"东北林大"，目前为全国规模最大的林业大学。虽然校园的占地面积只有 136 公顷，但东北林大拥有帽儿山和凉水 2 个实验林场，总占地面积就达到了 3.3 万公顷，这面积在世界范围内也是屈指可数的。

　　东北林大的校园也很霸气，校门有十多个，以至于在这里生活很久的师生都傻傻分不清楚。

Highlights
我的今天 ✏

距我的高考仅 **259** 天

9月21日 21 星期____

国际和平日

即使不被人们看好,我仍不会失去希望。

马拉拉·优素福扎伊
Malala Yousafzai,1997.7.12— | 巴基斯坦活动家,以争取女性教育而闻名。2014年,她获得诺贝尔和平奖,是历年来最年轻的诺贝尔奖获得者。

History
历史上的今天
2002年9月21日:首个"国际和平日"。

✓ 一周计划

好的计划是成功的坚实基础。

计划	核查
计划完成的事项	☐ ☐ ☐ ☐ ☐ ☐ ☐
计划开启的事项	☐ ☐ ☐ ☐ ☐ ☐ ☐

距我的高考仅

258 天

9月22日 22 星期____

只要人们知道我多么努力以获得我的技艺,它便不会像看上去那样令人惊奇。

米开朗琪罗
Michelangelo,1475.3.6—1564.2.18 | 意大利文艺复兴时期伟大的绘画家、雕塑家、建筑师,他与拉斐尔、达·芬奇并称为意大利"文艺复兴后三杰"。

History
历史上的今天
1980年9月22日:伊拉克战机空袭伊朗德黑兰等地,两伊战争爆发。

 再苦也要笑一笑

差点就成功了的作弊

　　大学两个哥们儿为了考试作弊,苦学莫尔斯电码,终于小有所成。考试那天,他俩在考场用笔敲桌面互相交流,交流如下:

 第一题会吗?

不会,你会吗?

 我也不会,第二题会吗?

不会,你会吗?

 我也不会……

……

Highlights
我的今天 ✏

距我的高考仅 **257** 天

9月23日 23 星期 ____

从现在起,我开始谨慎地选择我的生活,不再轻易让自己迷失在各种诱惑里。

米兰·昆德拉
Milan Kundera, 1929.4.1— | 法籍捷克小说家,代表作品有《不能承受的生命之轻》《玩笑》。

History
历史上的今天
1831年9月23日:法拉第发明发电机。

🎓 高效学习

状元学习法

2015 年湖北省理科状元刘世豪
（总分 699 分）

上课认真听讲、不走神，课后再一丝不苟完成老师布置的作业。
针对自己的弱势学科，做完每一套题都要总结，写下错题和心得，日积月累，弱势学科最后也能变成强势学科。

2019 年湖北省文科状元刘雨桐
（总分 676 分）

拿选择题来说，我刚开始也会错很多。这个时候就要问自己：为什么这个选项没那个好，为什么没选那个？……我建议学弟学妹们上课要认真听讲，跟紧老师讲的每一句话，下课以后要及时归纳总结，要有自己的改错本。

Highlights
我的今天 ✏️

距我的高考仅

2 5 6 天

9月24日　24　星期 ____

我不去想是否能够成功,既然选择了远方,便只顾风雨兼程。

汪国真
1956.6.22—2015.4.26 | 现代诗人,1977年身为北京照相机厂铣工的他首次高考落榜,第二年考入暨南大学中文系。

History
历史上的今天
1994年9月24日:美国首次提取出恐龙基因材料。

名校速览

大连海事大学

`211 院校` `交通运输部直属` `双一流建设高校`

创办时间：1909 年
地理坐标：辽宁大连
校 庆 日：6 月 8 日
校　 训：学汇百川，德济四海
一流学科：交通运输工程

大连海事大学简称"大连海大"，其前身是在 1909 年设立的邮传部上海高等实业学堂船政科，素有"航海家的摇篮"之称。

大连海大作为交通运输部唯一的部属高校，实习轮更新换代很快，目前服役的有育鲲轮、育鹏轮两艘远洋教学实习船。育鹏轮是我国自行设计建造的第二代首艘现代化、多用途载货教学实习船，成功入选英国皇家造船学会 2016 杰出船型。

Highlights
我的今天 ✏

不要祈祷舒适的生活,要祈祷自己变得更加坚强。

约翰·肯尼迪

John Kennedy,1917.5.29—1963.11.22 | 43 岁当选美国总统。他在任期间,历经了古巴导弹危机、太空竞赛、越南战争。

History
历史上的今天

1982 年 9 月 25 日:我国第一个国家森林公园——张家界国家森林公园建立。

榜样力量

肯尼迪：就职演讲（节选）

同胞们，我们事业的最后成效，不是掌握在我手里，而是掌握在你们手中。自从我国建立以来，每一代的美国人都曾应召以验证其对国家的忠诚。响应此项召唤而服役的美国年轻人的坟墓遍布全球各处。

现在那号角又再度召唤我们：不是号召我们扛起武器，虽然武器是我们所需要的；不是号召我们去作战，虽然我们准备应战；那是号召我们年复一年肩负起持久和胜负未分的战争，"在希望中欢乐，在患难中忍耐"；这是一场对抗人类公敌——暴政、贫困、疾病以及战争本身的战争。

我们能否结成一个全球性的伟大联盟来对付这些敌人，来确保全人类享有更为富裕的生活？你们是否愿意参与这历史性的努力？

在悠久的历史中，只有很少几个世代的人赋有这种在自由遭遇最大危机时保卫自由的任务。我绝不在这责任之前退缩；我欢迎它。我不相信我们中间会有人愿意跟别人及别的世代交换地位。我们在这场努力中所献出的精力、信念与虔诚，将照亮我们的国家以及所有为国家服务的人，而这一火焰所聚出的光辉必能照明全世界。

所以，同胞们，不要问你们的国家能为你们做些什么，而要问你们能为国家做些什么。

Highlights
我的今天

假如你没有犯错,那你就什么也没做。

约翰·伍登
John Wooden,1910.10.14—2010.6.4 | 美国篮球史上最伟大的教练,也是首位以运动员和教练员双重身份入选"奈史密斯篮球名人堂"的传奇人物。

History
历史上的今天
1960 年 9 月 26 日:美国总统竞选首次举行电视辩论。

🎓 高效学习

状元学习法

2016 年湖北省理科状元梅知雨
（总分 707 分）

> 备战高考时应该更注重基础而不是尖、难、偏的东西，要跟紧老师的复习计划，把课本基础知识掌握好。很多人都有错题集，我不建议收集很多的错题，而是要搜集最有价值的错题。

2016 年湖北省文科状元曹洁怡
（总分 652 分）

> 学文科不能局限于课本的内容，现在高考都考得很活，生活的经验也很重要；要多看相关的书籍，不一定要有明确的目的，尽量丰富自己的知识面，不知道你哪天看到的一句话就有可能成为考题。

Highlights
我的今天 ✏️

距我的高考仅

253 天

9月27日 27 星期____

世界旅游日

不要怕！定定心！我们已在更好的路上了；不要后退，发展你的力量吧。

但丁·阿利吉耶里
Dante Alighieri, 1265—1321.9.14 ｜ 意大利著名诗人，与彼特拉克、薄伽丘一起被称为"文艺复兴前三杰"，代表作品有《神曲》。

History
历史上的今天

1825 年 9 月 27 日：世界上第一条铁路在英国正式通车。

📛 名校速览

南京航空航天大学

`211 院校　工信部直属　双一流建设高校`

创办时间：1952 年
地理坐标：江苏南京
校 庆 日：10 月 20 日
校　　训：智周万物，道济天下
一流学科：力学、控制科学与工程、航空宇航科学与技术

　　南京航空航天大学简称"南航"，是新中国创办的第一批航空高等院校之一。

　　南航为国家贡献了若干个"第一"：我国第一架无人驾驶大型靶机、第一架无人驾驶核试验取样机、第一架高原无人驾驶机、第一架无人驾驶直升机。

　　南航的食堂很高大上，明故宫校区的二食堂以南瓜灯和萤火草为主题，将军路校区的五食堂形似客机的头等舱。

Highlights
我的今天

距我的高考仅

252 天

9月28日　28　星期 ____

孔子诞辰日

学而不思则罔，思而不学则殆。

孔子
前551.9.28—前479.4.11 | 名丘，字仲尼，我国历史上著名的大思想家和教育家，儒家学派的创始人。

History
历史上的今天
2005年9月28日：全球30多家孔庙共同纪念孔子诞辰2556周年。

✓ 一周计划

好的计划是成功的坚实基础。

计划	核查
计划完成的事项	☐ ☐ ☐ ☐ ☐ ☐ ☐
计划开启的事项	☐ ☐ ☐ ☐ ☐ ☐ ☐

距我的高考仅

251 天

9月29日 29 星期 ____

虽然人们对我发嘘声,可我却给自己鼓掌。

昆图斯·贺拉斯
Quintus Horatius,前 65.12.8—前 8.11.27 | 古罗马著名诗人、批评家、翻译家,代表作品有《诗艺》等。

History
历史上的今天
1972 年 9 月 29 日:我国与日本建立大使级外交关系。

 再苦也要笑一笑

我是考进来的

 老囚犯:我看你身体也不强壮,是因为偷东西进来的吧?

新囚犯:不是。

 老囚犯:那是交通肇事逃逸?

新囚犯:也不是。

 老囚犯:是打架伤人了?

新囚犯:也不是。

 老囚犯:那你是怎么进来的?

新囚犯:我是考进来的。

 老囚犯:考进来的?

新囚犯:我给人代考,被抓住了。

Highlights
我的今天 ✏

距我的高考仅

250 天

9月30日 星期 ____

当我到达终点时，再评判我的努力到底有多大价值。

罗曼·罗兰
Romain Rolland，1866.1.29—1944.12.30 | 法国著名文学家，1915 年诺贝尔文学奖得主，代表作品有《名人传》。

History
历史上的今天
1954 年 9 月 30 日：世界上第一艘核动力潜艇"鹦鹉螺号"开始服役。

本月小结
努力，让每一秒都过得有意义。

✎ 本月自我评价

☺ 本月最有成就感的事

10
月 *OCTOBER*

柏拉图

优秀不是天赋,而是一项需要磨炼的技能。优秀之人并非因为自身优秀而作正确的选择,只是因为积累正确的选择才变优秀。

本月目标

本月计划

距我的高考仅

249 天

10 月 1 日　1　星期 ____

国庆节

每一天醒来都是新的开始；每一天结束，都是不教一日闲过的胜利。

齐白石

1864.1.1—1957.9.16 ｜ 原名纯芝，字渭清，著名画家，与张大千并称"南张北齐"。

History

历史上的今天

1949 年 10 月 1 日：毛泽东主席在开国大典上宣布中华人民共和国正式成立。

🎓 高效学习

状元学习法

2019 年山东省理科状元张圣一
（总分 713 分）

> 高考复习时最重要的就是要回归原本，把握节奏，稳扎稳打，坚韧不拔，整个复习过程要始终充满信心。

2019 年山东省文科状元蒋彭飞
（总分 687 分）

> 自己最大的学习心得就是要一步步跟着老师的教学计划走，遇到难题，要勇敢提出问题，和老师多交流，找到自己的问题所在，并有针对性地解决它。

Highlights
我的今天 ✏️

距我的高考仅

248 天

10月2日 ② 星期____

国际非暴力日

只有一个人能界定你一生的成就，那就是你自己。

迈克尔·乔丹
Michael Jordan，1963.2.17— | NBA 少数几个职业生涯全部赛季场均得分 20 分以上的球员之一，绰号"空中飞人""篮球之神"。职业生涯中获得 6 次总冠军、6 次总决赛最有价值球员。

History
历史上的今天
1909 年 10 月 2 日：我国自行设计的首条铁路——京张铁路正式通车。

榜样力量

迈克尔·乔丹：从陪练到"篮球之神"

美国的高中篮球队分为两个级别：一队代表学校比赛，二队是陪练。乔丹以为凭自己的能力完全可以进入一队打主力，但教练告诉他说："你个子不高，反应也不快，打篮球前途不好。"

校队参加地区比赛时，乔丹请求教练允许他随队看球。在他的苦苦央求下，教练心软了，不过要求他为校队的队员看管衣服。为了看球，乔丹抱着衣服进场。以后，乔丹开始苦练技术，他每天练4个小时。前两个小时跟二队练，后两个小时陪一队练。训练结束后他还给自己加码，一有时间他就会拍着球找篮球架。他将这种习惯一直带到NBA。一年之后，他的水平让教练再也无法拒绝了。

乔丹回忆这段经历时说："这也许是一件好事，饱尝失意的我暗暗发誓，今后你再也不能遭受这样的折磨了。"

Highlights
我的今天

距我的高考仅 **2 4 7** 天

10月3日 ③ 星期____

人的命就像这琴弦,拉紧了才能弹好,弹好了就够了。

史铁生
1951.1.4—2010.12.31 | 著名作家、散文家,他在轮椅上完成优秀的作品,代表作品有《我与地坛》《务虚笔记》等。

History
历史上的今天
2008年10月3日:首届世界智力运动会在北京开幕。

🎓 高效学习

状元学习法

2015 年山东省理科状元贾晶
（总分 731 分）

虽然刷题不可或缺，但对每道题的归纳也不可以省略，通过练习类似题目以及重做经典试题，就能够形成归纳意识。此外，做题后的对答案也十分关键。检查时需要留意答案上的解题方法与自身所用方法是否一致，如果有不同，可以按答案的方法再做一遍，吸收出题人的思路和答题技巧。

2015 年河北省文科状元张皓辰
（总分 682 分）

课前预习：在老师上课之前提前掌握知识点，习题也提前做好，这样听课时会有更深一层的理解。
课后反思：反思包括对学习方法的反思，也包括对知识的反思。反思知识无非就是归类。通过条分缕析，对知识有高于原来的认识。

Highlights
我的今天 ✏️

距我的高考仅 **246** 天

10月4日 (4) 星期 ____

世界动物日

没有梦,没有感觉,人生最原始的睡,同时也是死的样品。

钱钟书
1910.11.21—1998.12.19 | 著名作家,精通英语、法语、德语,也懂拉丁文、意大利文、西班牙文等,代表作品有《围城》《管锥编》等。

History
历史上的今天
2010年10月4日:"试管婴儿之父"罗伯特·爱德华兹获诺贝尔生理学或医学奖。

 名校速览

南京理工大学

`211 院校`　`工信部直属`　`双一流建设高校`

创办时间：1953 年
地理坐标：江苏南京
校 庆 日：9 月 20 日
校　　训：进德修业，志道鼎新
一流学科：兵器科学与技术

　　南京理工大学简称"南理工"，其前身为中国人民解放军军事工程学院（简称"哈军工"）炮兵工程系。

　　南理工北依紫金山，南临明城墙。号称南京唯一没有分校区大学的南理工，校园面积在南京的大学中是很大的，而且环境优美，有句话说"南理工有三宝，水杉二月兰梧桐好"，还有湖有草地有森林，一天都逛不完。

Highlights
我的今天 ✏

10月5日 5 星期____

一个崇高的目标,只要不渝地追求,就会成为壮举。

威廉·华兹华斯
William Wordsworth,1770.4.7—1850.4.23 | 英国诗人,与雪莱、拜伦齐名,代表作品有《抒情歌谣集》《远游》等。

History
历史上的今天
2011年10月5日:苹果公司创始人史蒂夫·乔布斯逝世。

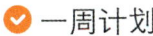 一周计划

好的计划是成功的坚实基础。

计划	核查
计划完成的事项	☐ ☐ ☐ ☐ ☐ ☐ ☐
计划开启的事项	☐ ☐ ☐ ☐ ☐ ☐ ☐

时间一点一滴凋谢,犹如蜡烛慢慢燃尽。

威廉·叶芝

William Yeats,1865.6.13—1939.1.28 | 爱尔兰诗人、剧作家,1923 年诺贝尔文学奖得主,代表作品有《钟楼》《盘旋的楼梯》。

History
历史上的今天

1987 年 10 月 6 日:亚洲最大的图书馆——北京图书馆新馆建成开馆,后更名为国家图书馆。

 再苦也要笑一笑

爱读书的同学

 学生 图书馆什么时候开门?

早晨九点。 图书管理员

 学生 你现在能开门吗?

同学,现在是半夜呢。 图书管理员

 学生 我知道是半夜,所以才给您打电话啊。

你读书的心情真迫切啊,请耐心等待,明早九点,你就能进去了。 图书管理员

 学生 谁说我想进去呢?我是想出去。

Highlights
我的今天 ✏️

纸上得来终觉浅,绝知此事要躬行。

陆游
1125.11.13—1210.1.26 | 南宋诗人、词人,两宋留存诗作最多的诗人,有 9300 多首。

History
历史上的今天
1986 年 10 月 7 日:美国发现最古老的恐龙化石。

🎓 高效学习

状元学习法

2018 年北京市理科状元刘浩宇（总分 722 分）

早自习：朗读课文，并背诵其中的重要段落，以增强语感。我不提倡早自习背单词，这很破坏语感，也容易让人的英语水平停留在一个较低的层次上。但是如果一定要记单词，就背笔记，背例句，背短语。尽量记长一点的东西。

2018 年北京市文科状元曹婧怡（总分 713 分）

数学是一个很重要的学科，也是以练习为主的学科。建议同学们在课外多投入些时间做题，并且要从心里重视数学。还应该准备一个错题本，老老实实地将每次错过的题抄在上面，并写上正确的解题思路，变不懂为精通。

Highlights
我的今天 ✏️

人生有三大沉沦：好奇、闲聊、踌躇。

马丁·海德格尔

Martin Heidegger，1889.9.26—1976.5.26 | 德国哲学家、存在主义哲学的创始人，代表作品有《存在与时间》。

History
历史上的今天
1990 年 10 月 8 日：中国大陆第一家麦当劳餐厅在深圳开业。

 名校速览

南京农业大学

`211 院校  教育部直属  双一流建设高校`

创办时间：1902 年
地理坐标：江苏南京
校 庆 日：10 月 20 日
校　　训：诚朴勤仁
一流学科：作物学、农业资源与环境

　　南京农业大学简称"南农大"，其前身可追溯到 1902 年三江师范学堂农学博物科和 1914 年私立金陵大学农科。

　　中国动物遗传学创始人陈桢、中国蕨类植物学奠基人秦仁昌、首位获得泰勒环境成就奖的中国人张德慈、被誉为"中国人类遗传学的开拓者"的遗传学家李景均等是南农大的校友。

Highlights
我的今天 ✏

距我的高考仅 **241** 天

10月9日　**9**　星期＿＿＿

世界邮政日

除了你自己，没有人能书写你的命运。

贝拉克·奥巴马
Barack Obama，1961.8.4—　｜美国首位非裔总统。当全世界都认定他不可能当选总统时，他仍坚定自己必胜的信念。

History
历史上的今天
2009 年 10 月 9 日：奥巴马因外交努力成果而获得诺贝尔和平奖。

榜样力量

奥巴马：美国首位黑人总统就职演讲（节选）

前方的道路会十分艰辛。我们可能无法在一年甚至一届任期之内实现上述目标，但我从未像今晚这样满怀希望，相信我们会实现。我向你们承诺——我们作为一个整体将会达成目标。

我们会遇到挫折，会出师不利，会有许多人不认同我的某一项决定或政策。我们知道政府并不能解决所有问题，我会向你们坦陈我们所面临的困难。我会聆听你们的意见，尤其是在我们意见不同的时候。最重要的是，我会请求你们一起参与重建这个国家。用自己的双手，从一砖一瓦做起，这是美国立国221年以来的前进方式，也是唯一的方式。

……………

这是我们的时刻，这是我们的时代。让我们的人民重新就业，为我们的后代敞开机会的大门；恢复繁荣发展，推进和平事业；让"美国梦"重新焕发光芒，再次证明这样一个基本的真理：我们是一家人；只要我们呼吸尚存，希望就永不磨灭。当我们遇到嘲讽和怀疑，当有人说我们做不到的时候，我们要以这个永恒的信条来回应他们：是的，我们能做到。

Highlights
我的今天

距我的高考仅 **240** 天

10 月 10 日　10　星期 ___

世界精神卫生日

我要一步一步踏在泥土上，打上深深的脚印！

朱自清
1898.11.22—1948.8.12 ｜散文家、诗人、学者，代表作品有《背影》《荷塘月色》等。

History
历史上的今天
1925 年 10 月 10 日：故宫首次对外开放。

 高效学习

状元学习法

2016年北京市理科状元周展平
（总分715分，数学满分）

制订一个计划不难，重要的是执行与坚持。无论是怎样的计划，坚持下去才有意义。我认为我自己没有比别人特殊的学习习惯，如果说有不同的话，就在于坚持。

2016年北京市文科状元俞笑
（总分700分）

高一是打基础的阶段，需要多读书，注重知识的积累，为高三复习抢占先机；高二则是拓展阶段，需要深化思想、关注社会、体会生活；而到了高三，有了前期的积累和后期的激发，则需要保持认真而不紧张的学习态度，不焦躁，专注于学习过程。

Highlights
我的今天

距我的高考仅

239 天

10月11日 ⑪ 星期＿＿

人生在世，注定要受许多委屈。而一个人越是成功，他所遭受的委屈也越多。

莫言
1955.2.17— ｜著名作家，2012年获得诺贝尔文学奖，成为首位获得该奖项的中国籍作家。

History
历史上的今天

2012年10月11日：莫言获诺贝尔文学奖，这是中国人首次获诺贝尔奖。

▲ 南科大一期校园的夜晚　　©Spartour

名校速览

南方科技大学

创办时间：2011年3月
地理坐标：广东深圳
校 庆 日：12月20日
校　　训：明德求是，日新自强
一流学科：数学

　　南方科技大学简称"南科大"，可能是改革最彻底的大学。

　　首先表现在录取学生方面，学校实行"6+3+1"模式，即高考成绩占60%，学校能力测试占30%，高中平时成绩占10%。在教学方面，南科大的一些科目使用英文教学；在课程方面，前两年为通识教育，结束通识教育之后，再根据所长选专业；另外，学生在本科阶段就要参加科研，在研究中自学。建校以来，南科大一步步发展，实力一步步增强，而它最终会走向何方，值得期待。

Highlights
我的今天 ✏

距我的高考仅 **238** 天

10 月 12 日 ⑫ 星期 ____

聪明但没有抱负,便如没有翅膀的鸟。

萨尔瓦多·达利
Salvador Dali,1904.5.11—1989.1.23 | 西班牙超现实主义画家,他与毕加索、马蒂斯并称 20 世纪最具代表性的三位画家,代表作品有《记忆的永恒》等。

History
历史上的今天

2010 年 10 月 12 日:智利被困地下的 33 名矿工历经 68 天后成功出井。

✅ 一周计划

好的计划是成功的坚实基础。

计划	核查
计划完成的事项	☐ ☐ ☐ ☐ ☐ ☐ ☐
计划开启的事项	☐ ☐ ☐ ☐ ☐ ☐ ☐

距我的高考仅

237 天

10月13日 (13) 星期 ____

一个人要仰望多少次，才能见到苍穹。

鲍勃·迪伦
Bob Dylan，1941.5.24— ｜美国著名艺术家、作家。曾获诺贝尔文学奖、12次格莱美奖、1次金球奖及1次奥斯卡金像奖。

History
历史上的今天
2016年10月13日：美国艺术家鲍勃·迪伦获诺贝尔文学奖。

 再苦也要笑一笑

真的想多了

 老妈: 你也老大不小了,自己的事情也要考虑考虑,不要糊里糊涂的。

老妈这是想让我带个姑娘回来呀😝 我

 老妈: 考不上大学,妈还得给你做一年饭!

Highlights
我的今天 ✏️

世界标准日

我从没有天真或愚蠢到认为，你只要相信一件事，它就会发生；你必须为之奋斗。

果尔达·梅厄
Golda Meir，1898.5.3—1978.12.8 | 以色列建国者之一，以色列首任女总理。

History
历史上的今天
1902 年 10 月 14 日：京师大学堂正式招生。

🎓 高效学习
状元学习法

2018 年福建省理科状元黄翰
（总分 708 分）

晚自习时都要先花半个多小时，归纳下自己遇到的问题，记个小笔记分析，然后才开始做作业，我感觉这种方法比较有效率。

2018 年福建省文科状元黄亦陈
（总分 687 分，英语满分）

我在整理笔记的时候，习惯再写一遍，写完一遍也把思路重新整理一遍。比如在整理数学错题集时，如果只是粗心做错的，我会标注一下，提醒自己下次要注意；但如果是我不理解的，或者有很多种解法的，我就会特别用心写下来，多多去复习。

Highlights
我的今天 ✏️

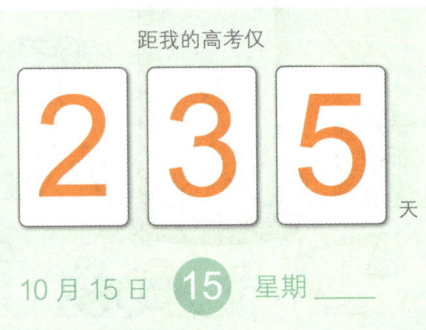

志在顶峰的人，绝不会因留恋半山腰的奇花异草而停止攀登的步伐。

马克西姆·高尔基
Maxim Gorky，1868.3.28—1936.6.18 | 苏联现实主义文学奠基人，代表作品有《母亲》。

History
历史上的今天
1917 年 10 月 15 日：北京大学开始实行选科制。

▲ 山东大学图书馆

 名校速览

山东大学

`985 院校  211 院校  教育部直属  双一流建设高校`

创办时间：1901 年
地理坐标：山东济南
校 庆 日：10 月 15 日
校　　训：学无止境，气有浩然
一流学科：中国语言文学、数学、化学、临床医学

　　山东大学简称"山大"，其前身是 1901 年创办的山东大学堂，这是继京师大学堂之后我国创办的第二所国立大学，也是我国第一所按章程办学的大学。

　　2012 年诺贝尔文学奖获得者莫言，就是山大的研究生导师，老舍、闻一多、童第周、梁实秋、沈从文等也都曾在山大任教。

Highlights
我的今天 ✏

距我的高考仅 **2 3 4** 天

10月16日 ⑯ 星期____

世界粮食日

我们要深信：今日的失败，都由于过去的不努力。我们要深信：今日的努力，必定有将来的大收成。

胡适
1891.12.17—1962.2.24 ｜ 著名学者、诗人，以倡导白话文、领导新文化运动闻名于世。

History
历史上的今天
1951年10月16日：华东师范大学成立，这是新中国成立的第一所师范大学。

★ 榜样力量

胡适：对中国公学18年级毕业赠言（节选）

诸位毕业同学：你们现在要离开母校了，我没有什么礼物送给你们，只好送你们一句话罢。这一句话是："不要抛弃学问。"……趁现在年富力强的时候，努力做一种专门学问。少年是一去不复返的，等到精力衰疲时，要做学问也来不及了。即为吃饭计，学问绝不会辜负人的。吃饭而不求学问，三年五年之后，你们都要被后进少年淘汰掉的。到那时再想做点学问来补救，恐怕已太晚了。

有人说："出去做事之后，生活问题急需解决，哪有工夫去读书？即使要做学问，既没有图书馆，又没有实验室，哪能做学问？"

我要对你们说："凡是要等到有了图书馆方才读书的，有了图书馆也不肯读书。凡是要等到有了实验室方才做研究的，有了实验室也不肯做研究。"

Highlights
我的今天 ✏

距我的高考仅 **233** 天

10 月 17 日　17　星期 ____

国际消除贫困日

只有你的行动，才决定你的价值。

约翰·戈特利布·费希特
Johann Gottlieb Fichte，1762.5.19—1814.1.27 ｜ 德国古典唯心主义哲学家，柏林大学第一任校长。

History
历史上的今天
1831 年 10 月 17 日：法拉第首次发现电磁感应现象。

🎓 高效学习

状元学习法

2016 年福建省理科状元黄昊
（总分 701 分）

高三的数次模拟考试可以让人进入考试的状态，在多次考试之后要把握试题的节奏，比如试题的顺序，每一个临考的学生都应该烂熟于心，并且把每道题花费的时间精确到分钟。

2016 年福建省文科状元陈双
（总分 651 分）

一直以来，父母都没有给我太大的压力，很小的时候父母就告诉我，学习是自己的事情。他们更多的是在行为规范、生活方式上引导我。

Highlights
我的今天 ✏️

如果没有勇气远离海岸线，长时间在海上孤寂地漂流，那么你绝不可发现新大陆。

安德烈·纪德
Andre Gide，1869.11.22—1951.2.19 | 法国著名作家，1947年诺贝尔文学奖获得者，代表作品有《背德者》。

History
历史上的今天
1963年10月18日：香港中文大学创校。

🏛 名校速览

中国海洋大学

`985 院校` `211 院校` `教育部直属` `双一流建设高校`

创办时间：1924 年
地理坐标：山东青岛
校 庆 日：10 月 25 日
校　　训：海纳百川，取则行远
一流学科：海洋科学、水产

　　中国海洋大学简称"中国海大"，其前身是创办于 1924 年的私立青岛大学，是国人在齐鲁大地上创办的第一所本科起点现代大学。

　　中国海大拥有 3 艘教学和科考船舶，包括国内排水量最大、综合科考功能最完备的全球级海洋综合科考实习船"东方红"3 号，国内最先进的海洋综合性调查船之一"东方红"2 号。

　　开国元勋罗荣桓、著名诗人臧克家、我国南极科考第一人董兆乾等是中国海大的校友。

Highlights
我的今天 ✏

距我的高考仅

2 3 1 天

10月19日 ⑲ 星期____

乐观地设想，悲观地计划，愉快地执行。

稻盛和夫
1932.1.30—　｜日本企业家，27岁创办京都陶瓷株式会社，52岁创办第二电信，两家公司都进入了世界500强。

History
历史上的今天
1943年10月19日：美国首次成功分离出链霉素，后成为首个用于治疗肺结核的抗生素。

✓ 一周计划

好的计划是成功的坚实基础。

计划	核查
计划完成的事项	☐ ☐ ☐ ☐ ☐ ☐ ☐
计划开启的事项	☐ ☐ ☐ ☐ ☐ ☐ ☐

你只要尝试过飞,日后走路时也会仰望天空,因为那是你曾经到过,并渴望回去的地方。

列奥纳多·达·芬奇

Leonardo da Vinci,1452.4.23—1519.5.2 | 意大利博学家,文艺复兴时期人文主义的代表人物。

History

历史上的今天

1952年10月20日:南京航空航天大学创建。

 再苦也要笑一笑

排不上号

有个医生不学无术,病人花了很多钱,总是治不好病。因此,病人十分怨恨,便让仆人到医生家去臭骂一通,出出怨气。不一会儿,仆人回来了。

 骂了没有?

没有。

 为什么没骂?

排不上号。

 骂他也要排号?

要打他骂他的人一大堆,我怎么挤得上!

Highlights
我的今天 ✏

距我的高考仅

229 天

10月21日 21 星期 ____

天地之功不可仓卒，艰难之业当累日月。

司马光
1019.11.17—1086.10.11 | 北宋文学家、史学家，主持编纂了我国第一部编年体通史《资治通鉴》。

History
历史上的今天
1977年10月21日：全国高等学校招生制度改革工作会议召开。

🎓 高效学习

状元学习法

2018 年山东省理科状元宋稚中
（总分 716 分，数学满分）

数学要以归纳和练习为主，比如挑出自己不擅长的知识点，平时需要专门的时间练习，高考前再练综合卷。语文方面要多积累，英语最重要的就是扩大词汇量。

2018 年山东省文科状元李雨轩
（总分 680 分）

学习上最大的秘诀就是"听老师的话"，不折不扣地完成老师布置的各项学习任务，然后就是注重学习效率。

Highlights
我的今天 ✏️

世界传统医药日

我的生命就是工作,而且是不停地工作。

巴勃罗·毕加索
Pablo Picasso,1881.10.25—1973.4.8 | 西班牙著名画家、雕塑家,20 世纪现代艺术的代表人物之一,代表作品有《亚威农少女》《格尔尼卡》等。

History
历史上的今天
1746 年 10 月 22 日:普林斯顿大学前身新泽西学院建校。

▲ 东北大学校门　©Tomskyhaha

名校速览

东北大学

985 院校　211 院校　教育部直属　双一流建设高校

创办时间：1923 年
地理坐标：辽宁沈阳
校 庆 日：4 月 26 日
校　　训：自强不息，知行合一
一流学科：冶金工程、控制科学与工程

　　东北大学简称"东大"，1922 年受张作霖命令开始筹办，1923 年宣告成立。1928 年至 1937 年，张学良兼任校长。

　　东大先后研发出国内第一台模拟电子计算机、第一台国产 CT、第一块超级钢等，兴办了我国第一个大学科技园、第一个软件园、第一家上市的校办企业。

　　1928 年梁思成、林徽因应邀来东大，着手创建中国第一个建筑系；1932 年东大学生刘长春参加第 10 届奥林匹克运动会，成为中国首次参加奥运会的唯一运动员。

Highlights
我的今天 ✏

距我的高考仅 **227** 天

10月23日 23 星期____

没有最终的成功,也没有致命的失败,最可贵的是继续前进的勇气。

温斯顿·丘吉尔
Winston Churchill,1874.11.30—1965.1.24 | 英国政治家、军事家和作家,两度出任英国首相,被认为是最伟大的英国人。

History
历史上的今天
1995年10月23日:英国成功移植世界首例电动心脏。

 榜样力量

丘吉尔：我们将战斗到底
（丘吉尔"二战"演讲，节选）

这次战役尽管我们失利，但我们绝不投降，绝不屈服，我们将战斗到底。

我们必须非常慎重，不要把这次援救说成是胜利。战争不是靠撤退赢得的。但是，在这次援救中却蕴藏着胜利，这一点应当注意到。这个胜利是空军获得的。

…………

我们将战斗到底。我们将在法国作战，我们将在海洋中作战，我们将以越来越大的信心和越来越强的力量在空中作战，我们将不惜一切代价保卫本土，我们将在海滩作战，我们将在敌人的登陆点作战，我们将在田野和街头作战，我们将在山区作战。

我们绝不投降，即使我们这个岛屿或这个岛屿的大部分被征服并陷于饥饿之中——我从来不相信会发生这种情况……

Highlights
我的今天

联合国日

心想之事,只要不放弃,坚持到最后,就一定会实现。

路飞
日本漫画《海贼王》的主角,草帽海贼团的船长,留着黑色短发的阳光少年。

History
历史上的今天
1947 年 10 月 24 日:联合国大会将每年的 10 月 24 日设为"联合国日"。

🎓 高效学习

状元学习法

2016 年山东省理科状元胡景
（总分 704 分）

语文平时一定注意素材的积累；数学最重要的就是整理错题库；英语最重要的就是基础知识和英文书写；生物则是要紧扣课本。尤其是全国卷，最重视的就是基础知识，因此书本一定要啃透。

2016 年山东省文科状元董晓梦
（总分 642 分）

最重要的是，上课跟紧老师的思路和节奏，上课认真听讲，下课完成作业。三轮复习之后，大家都很疲劳，有部分同学就用自己的一套办法来调整，但效果不理想，个人建议听老师的指挥。

Highlights
我的今天 ✏️

距我的高考仅

225 天

10月25日 25 星期____

不要数着日子过，要让每一天都很有意义。

穆罕默德·阿里
Muhammad Ali，1942.1.17—2016.6.3 ｜ 美国拳击手，1999 年被《体育画报》杂志评为世纪最佳运动员。

History
历史上的今天
2007 年 10 月 25 日：空中客车 A380 首次商业飞行。

▲ 大连理工大学主楼　　©Michael Saechang

 名校速览

大连理工大学

985 院校　211 院校　教育部直属　双一流建设高校

创办时间：1949 年 4 月 15 日
地理坐标：辽宁大连、盘锦
校 庆 日：4 月 15 日
校　　训：团结、进取、求实、创新
一流学科：力学、机械工程、化学工程与技术

大连理工大学简称"大工"，是新中国成立前夕面向中国工业体系建设而创办的第一所新型大学。1949 年组建大连大学工学院，1950 年大连大学被撤销，大连大学工学院独立为大连工学院，1988 年更名为大连理工大学。

大工精神是："海纳百川、自强不息、厚德笃学、知行合一"。

大工有文化节、嘉年华等丰富的校园文娱活动，所以又被称为"最文艺的理工学校"。

Highlights
我的今天 ✏

距我的高考仅 **224** 天

10月26日 ㉖ 星期____

一个人如果明确目标,并且矢志不渝地追求,就会创造一个完全不同的人生。

拿破仑·希尔
Napoleon Hill,1883.10.26—1970.11.8 | 美国励志作家,曾经影响美国两任总统及千百万读者的成功学大师,著有《积极心态带来成功》《成功法则》。

History
历史上的今天
1863年10月26日:英格兰足球总会在英国伦敦成立,成为世界上最早成立的足球总会。

✓ 一周计划

好的计划是成功的坚实基础。

计划	核查
计划完成的事项	☐ ☐ ☐ ☐ ☐ ☐ ☐
计划开启的事项	☐ ☐ ☐ ☐ ☐ ☐ ☐

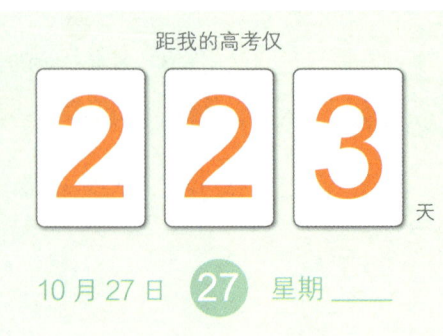

社会犹如一条船,每个人都要有掌舵的准备。

亨里克·易卜生

Henrik Ibsen,1828.3.20—1906.5.23 | 挪威戏剧家,现代现实主义戏剧的创始人。他 22 岁时到奥斯陆报考大学,但未被录取。代表作品有《玩偶之家》等。

History
历史上的今天
1810 年 10 月 27 日:美国吞并西佛罗里达。

再苦也要笑一笑

英语也很有内涵

学渣

老师，我能理解大一新生为什么叫 freshman，因为是新人嘛。可为什么大二学生叫 sophomore？

看看啊，sophomore = soph（聪明的）+o+mor（傻瓜）+e：一半聪明，一半傻，像半桶水，是不是就是大二学生的特点呢？

英语老师

学渣

老师，我懂了。可为什么大三学生叫 junior，而大四学生叫 senior？

因为到大四就成老油子了，而大三相对来说只能是大四的"晚辈"。日语、韩语中叫学长不是"前辈"吗，就是知道自己资历浅啊。

英语老师

学渣

原来英语也这么有内涵啊。I 服了 U，以后跟您好好学英语。

Highlights
我的今天 ✏

距我的高考仅

2 2 2 天

10月28日 (28) 星期 ____

如果你希望成功,当以恒心为良友、以经验为参谋、以谨慎为兄弟、以希望为哨兵。

托马斯·爱迪生
Thomas Edison, 1847.2.11—1931.10.18 | 美国发明家,发明了直流电,创办了通用电气公司。

History
历史上的今天
1868年10月28日:爱迪生申请平生第一项专利——电子投票记录仪。

🎓 高效学习

状元学习法

2018 年上海市状元周天嘉
（总分 626 分）

> 对有自觉能力的人来说，一个纷杂多元的环境能够让你得到更多机会。但对缺乏自觉性的人来说，就容易迷失。我想，能够在多元化的环境中找到自己要走的路，是获得成功的一个重要原因。

Highlights
我的今天 ✏️

生活是条沉船,但我们不要忘了在救生艇上高歌。

伏尔泰
Voltaire,1694.11.21—1778.5.30 | 法国思想家、哲学家,"法兰西思想之父",与卢梭、孟德斯鸠合称"法兰西启蒙运动三剑客"。

History
历史上的今天
1929 年 10 月 29 日:世界经济大危机爆发。

▲ 厦门大学芙蓉湖

名校速览
厦门大学

985 院校　211 院校　教育部直属　双一流建设高校

创办时间：1921 年
地理坐标：福建厦门
校 庆 日：4月6日
校　　训：自强不息，止于至善
一流学科：教育学、化学、海洋科学、生物学、生态学、统计学

　　厦门大学简称"厦大"，为著名爱国华侨领袖陈嘉庚先生所创办，是中国近代教育史上第一所华侨创办的大学，是中国首个在海外建设独立校园的大学，被誉为"南方之强"。

　　厦大不但教学实力雄厚，而且校园内衔山含湖、校园面朝大海，被誉为"中国最美大学"。

　　余光中、陈景润、卢嘉锡、潘懋元等是厦大的校友。

Highlights
我的今天 ✏

如果你没有选择的话,那么就勇敢地迎上去。

亚伯拉罕·林肯

Abraham Lincoln,1809.2.12—1865.4.15 | 美国第16任总统。他废除奴隶制,统一美国。1999年美国发行的5美元的正面是林肯肖像,背面是位于华盛顿的林肯纪念堂。

History
历史上的今天

1979年10月30日:美国科学家首次测出星际空间反物质流。

榜样力量

林肯：在葛底斯堡的演讲（节选）

…………

我们在这场战争中的一个伟大战场上集会。烈士们为使这个国家能够生存下去而献出了自己的生命，我们来到这里，是要把这个战场的一部分奉献给他们作为最后安息之所。我们这样做是完全应该而且是非常恰当的。

但从更广泛的意义上来说，这块土地我们不能够奉献，不能够圣化，不能够神化。那些曾在这里战斗过的勇士们，活着的和去世的，已经把这块土地圣化了，这远不是我们微薄的力量所能增减的。我们今天在这里所说的话，全世界不大会注意，也不会长久地记住，但勇士们在这里所做过的事，全世界却永远不会忘记。毋宁说，倒是我们这些还活着的人，应该在这里把自己奉献于勇士们已经如此崇高地向前推进但尚未完成的事业。

…………

Highlights
我的今天

世界勤俭日、万圣夜

希望是所有人共有的唯一好处，那些一无所有的人仍然拥有希望。

泰勒斯
Thales，前 624—前 546 ｜ 古希腊哲学家、科学家，米利都学派创始人，西方思想史上第一个有记载留下名字的思想家，被后人称为"科学和哲学之祖"。

History
历史上的今天

2011 年 10 月 31 日：世界人口总数达到 70 亿。

本月小结
努力,让每一秒都过得有意义。

本月自我评价

本月最有成就感的事

11月 NOVEMBER

伏尔泰 ✏️

人生布满了荆棘，我所晓得的唯一办法是从那些荆棘上面迅速踏过。我们自己所遭遇的不幸想得越多，它们对我们的伤害力越大。

本月目标

本月计划

距我的高考仅 **218** 天

11月1日 ① 星期____

万圣节

没有人能回到过去重新开始，但你可以从今天开始创造一个新的结局。

玛丽·罗宾逊
Mary Robinson，1944.5.21— | 爱尔兰政治家，爱尔兰历史上第一位女总统。

History
历史上的今天
1949年11月1日：中国科学院成立，郭沫若任院长。

📖 高效学习
状元学习法

2019 年江苏省理科状元郭宇涵
（总分 436 分，数学满分）

组成数学研究小组，不仅要一起探讨、解决数学难题，而且还要自己原创数学题、互相出题解题；出考题给我们另一种思维方式，让我们更好地理解出考题的老师的心理和想法，也有助于我们更好地答题。

2019 年江苏省文科状元范雯
（总分 420 分）

高三做的练习太多了，但如果不仔细分析做过的题目和答案，不反思近期的学习状态，做的练习就不会起到作用。

Highlights
我的今天 ✏️

距我的高考仅 **217** 天

11月2日 ② 星期____

我们命中注定的目标和道路，不是享乐，也不是受苦，而是行动，在每个明天，都要比今天前进一步。

亨利·朗费罗
Henry Longfellow，1807.2.27—1882.3.24 | 美国诗人，他的《人生颂》是世界上第一首译为中文的英语诗。

History
历史上的今天
2015年11月2日：首架国产大飞机C919正式亮相。

✓ 一周计划

好的计划是成功的坚实基础。

计划	核查
计划完成的事项	☐ ☐ ☐ ☐ ☐ ☐ ☐
计划开启的事项	☐ ☐ ☐ ☐ ☐ ☐ ☐

让旁观者都见鬼去吧！他们只会说三道四。只要你自己努力，你就可以做到最好。

阿诺德·施瓦辛格

Arnold Schwarzenegger，1947.7.30— ｜好莱坞著名演员，主演过《终结者》系列、《敢死队》系列等电影。

History
历史上的今天
1946 年 11 月 3 日：日本公布新宪法，国家权力由天皇转移到议会手中。

 再苦也要笑一笑

为了让孩子好好学习的苦心

 你小时候,父母为了让你能够努力学习都用过什么"丧尽天良"的方法?

给了我这张脸。

Highlights
我的今天 ✏

距我的高考仅

215 天

11月4日 ④ 星期____

找金子的人挖掘了许多土才找到一点点金子。

赫拉克利特

Heraclitus，前540—前480 | 古希腊哲学家、爱非斯学派的创始人，相传他生性忧郁，被称为"哭的哲学家"（Weeping Philosopher）。

History
历史上的今天
2008年11月4日：奥巴马当选美国总统，成为美国首位非裔总统。

 高效学习

状元学习法

2017 年江西省理科状元刘浩捷
（总分 700 分，数学满分）

理科科目要维持一定量的练习，但要注重方法，"抓题百道不如精做一道题"，要学会不同类型题目的解题思路。

2017 年江西省文科状元金淼
（总分 675 分）

压力要学会及时释放，多和老师与父母沟通，将目光多放在自己身上，不要想着同学怎么样、高考怎么样，你会发现，你其实真的很优秀。

Highlights
我的今天 ✏

我以前从没想过我能穿过熊熊烈火,从没想过我也能像火一样燃烧起来。

贾斯汀·比伯
Justin Bieber, 1994.3.1— | 加拿大歌手、词曲作家,首位在 Vevo 上拥有 100 亿点阅人次的艺人。

History
历史上的今天

2007 年 11 月 5 日:"嫦娥一号"人造卫星进入环月轨道,成为我国首颗绕月人造卫星。

▲ 吉林大学重点实验室

名校速览

吉林大学

| 985 院校　211 院校　教育部直属　双一流建设高校 |

创办时间：1946 年
地理坐标：吉林长春
校 庆 日：9 月 16 日
校　　训：求实创新，励志图强
一流学科：考古学、数学、物理学、化学、生物学、材料科学与工程

　　吉林大学简称"吉大"，同学也戏称为"极大"，因为学校有 6 个校区 7 个校园，校园占地 600 多万平方米。原吉大是新中国成立后创建的第一所综合性大学。新吉大由原吉大等高校于 2000 年合并组建而成。

　　吉大图书馆藏书极多，各类藏书 700 多万册，被确定为联合国教科文组织、联合国工业发展组织和世界银行的藏书馆。

　　吉大的寒假超级长，每年的寒假都要放 40 多天，你的小伙伴们可能都会羡慕不已呢。

Highlights
我的今天 ✏

我从没有见过一个不孤独的人,会发出耀眼的光芒。

张小龙

1969.12.3— | 毕业于华中科技大学,企业家、腾讯公司高级副总裁,因开发微信而被誉为"微信之父"。

History
历史上的今天

1949 年 11 月 6 日:中央财经大学前身华北税务学校成立。

榜样力量
张小龙：从无业游民到"微信之父"

张小龙从公司辞职后，当起了"自由软件写作者"，也就是人们眼中的无业游民。他开发的邮箱，连15万元都卖不出去。他只好不停地改进软件，推出新版，但依旧赚不到钱。作为中国免费软件开发者悲剧性命运的代表性人物，他的名字频繁出现在媒体上。在最困难的时候，他甚至产生了去美国打工做软件的念头。

由于开发的软件被收购，他成了腾讯公司的产品经理人。接下来的三年，他度过了孤独寂寞的时光，成功拯救了 QQ 邮箱。而后他开始开发微信，这个当时并不被看好的聊天工具，如今在全球拥有超过 10 亿活跃用户。

Highlights
我的今天

我的读书经验：精其选，解其言，知其意，明其理。

冯友兰
1895.12.4—1990.11.26 | 中国哲学家，被誉为"现代新儒家"，曾任西南联大哲学系教授兼文学院院长，代表作品有《中国哲学简史》。

History
历史上的今天
1874 年 11 月 7 日：大象首次成为美国共和党的标志。

🎓 高效学习

状元学习法

2016年河北省理科状元孟祥熙
（总分724分）

只记不听，充其量只是老师课堂知识的搬运工，如果课后不回顾与思考，自己收获并不大；只听不记，这类同学课堂的思考是比较活跃，但是课后想做回顾的时候没有笔记很茫然，手足无措。

2016年河北省文科状元袁嘉玮
（总分706分）

在课堂上紧随老师思路，课后及时对知识进行总结、梳理。不仅要在日常学习中善于总结，每次考试后还要主动进行试卷分析，剖析每道题的失分点，即使是考了满分，也要认真总结经验。

Highlights
我的今天 ✏️

距我的高考仅 **211** 天

11月8日 8 星期＿＿

中国记者节

努力做到最好，不能是第二或者第三。只要你选择了这条路，就一定要做到最好。

迈克尔·杰克逊
Michael Jackson，1958.8.29—2009.6.25 | 美国歌手，被称为"流行音乐之王"，获13次格莱美奖、26次全美音乐奖，代表全球流行文化超过40年。

History
历史上的今天

1895年11月8日：德国物理学家伦琴发现X射线。

🏫 名校速览

兰州大学

985院校　211院校　教育部直属　双一流建设高校

创办时间：1909年
地理坐标：甘肃兰州
校 庆 日：9月17日
校　　训：自强不息，独树一帜
一流学科：化学、大气科学、生态学、草学

　　兰州大学简称"兰大"，其前身是甘肃法政学堂，1945年定名为国立兰州大学。

　　因地处西北，兰大曾被戏称为"被遗忘的角落"。但兰大确实是一所实力雄厚的大学，是我国首批具有学士、硕士、博士学位授予权，首批建立博士后科研流动站，首批设置文、理科国家基础科学研究与教学人才培养基地，首批入选国家大学生创新性实验计划的高校之一。1999年以来，先后有18位校友当选为两院院士。

Highlights
我的今天 ✏

距我的高考仅 **210** 天

11月9日 9 星期____

全国消防日

只有竹子那样的虚心,牛皮筋那样的坚韧,烈火那样的热情,才能产生出真正不朽的艺术。

茅盾
1896.7.4—1981.3.27 | 著名作家,我国长篇小说的最高奖——茅盾文学奖就是以他的名字命名的。

History
历史上的今天
1799年11月9日:拿破仑发动雾月政变并获得成功,成为法兰西共和国第一执政。

✓ 一周计划

好的计划是成功的坚实基础。

计划	核查
计划完成的事项	☐ ☐ ☐ ☐ ☐ ☐ ☐
计划开启的事项	☐ ☐ ☐ ☐ ☐ ☐ ☐

恐惧束缚着你的心灵,希望释放着你的心灵。

史蒂芬·金
Stephen King,1947.9.21— ｜美国现代惊悚小说大师,代表作品有《肖申克的救赎》《黑暗塔》系列等。

History
历史上的今天

2001 年 11 月 10 日:世界贸易组织第四届部长级会议以全体协商一致的方式,审议并通过了中国加入世界贸易组织的决定。

😊 再苦也要笑一笑

讥人弄乖

凤凰寿,百鸟朝贺,唯蝙蝠不至。

凤责之曰:"汝居吾下,何踞傲乎?"

蝠曰:"吾有足,属于兽,贺汝何用?"

一日,麒麟生诞,蝠亦不至。麟亦责之。

蝠曰:"吾有翼,属于禽,何以贺汝?"

麟、凤相会,语及蝙蝠之事。互相慨叹曰:"于今世上恶薄,偏生此等不禽不兽之徒,真个无奈他何!"

Highlights
我的今天 ✏

距我的高考仅

208 天

11月11日 星期 ____

蚓无爪牙之利、筋骨之强,上食埃土,下饮黄泉,用心一也。

荀子

约前313—前238 | 战国著名思想家、教育家,儒家代表人物之一,提倡"性恶论",人们常将之与孟子的"性善论"比较。

History
历史上的今天

1924年11月11日:国立广东大学举行了隆重的成立典礼大会;广东大学为中山大学的前身。

🎓 **高效学习**

状元学习法

2019年山西省理科状元罗家琪
（总分695分）

语文方面：一定要加大自己的阅读量，因为语文考的知识面很广，对理解能力的要求也越来越高。所以阅读是语文学习必不可少的一个方面。
数学方面：我觉得错题本是非常重要的，因为错过的题就是我们致命的漏洞，而错题本正好能帮我们记录下这个漏洞。

2019年山西省文科状元宋笑谊
（总分655分）

建议学弟学妹要学会进行知识整合，学会用框架图将知识网络和各类题型清晰地呈现出来。还要学会比较，要精准把握各单元的联系与差异。

Highlights
我的今天 ✏️

天生的能力对人的一生影响不大,真正影响人一生的是如何造就自己。

亚历山大·贝尔
Alexander Bell, 1847.3.3—1922.8.2 | 加拿大发明家,发明了世界上第一部可用的电话机,2004年入选"十大杰出加拿大人"。

History
历史上的今天

1998年11月12日:马化腾和大学同学张志东正式注册成立腾讯公司。

▲ 中山大学怀士堂南面的校训　©Daniel Berthold

名校速览

中山大学

985 院校　211 院校　教育部直属　双一流建设高校

创办时间：1924 年
地理坐标：广东广州
校 庆 日：11 月 12 日
校　　训：博学，审问，慎思，明辨，笃行
一流学科：哲学、数学、化学、生物学、生态学、材料科学与工程、电子科学与技术、基础医学、临床医学、药学、工商管理

　　中山大学简称"中大"，由孙中山创办，校训也为孙中山亲笔题写。中大的校庆日在很长一段时间都是"双十一"，直到 1951 年才改为孙中山诞辰的 11 月 12 日。

　　中大有五只对应校训的小狮子吉祥物，还原了中大学子的生活、学习状态。"博学狮"身着学位服，透出对学问的敬重与追求；"审问狮"作前扑状，充满孩童般的好奇；"慎思狮"似假寐静思；"明辨狮"正襟危坐，伸出手指像在怀疑指正；"笃行狮"充满蓄势待发之感。

　　鲁迅、冯友兰、陈寅恪等学者曾在中大任教。

Highlights
我的今天 ✏️

预测未来的最好方式,就是创造未来。

史蒂夫·乔布斯
Steven Jobs,1955.2.24—2011.10.5 | 苹果公司联合创始人,在他的带领下,苹果手机引领了智能手机的潮流。

History
历史上的今天

2009 年 11 月 13 日:美国国家航空航天局宣布在月球南极发现水源。

榜样力量

乔布斯：活着就是要改变世界

乔布斯的母亲当时是一个正在读研究生的未婚妈妈，现实的状况让她无法独立抚养自己的孩子，所以乔布斯在出生后不久就被母亲送给了一对蓝领夫妻。高中毕业后，他没有选择自己家旁边的斯坦福大学，而是去了学费便宜的里德学院。可是，短短6个月的大学生活之后，乔布斯因不想加重家里的经济负担而退学。

21岁的时候，乔布斯和朋友在自家的车库里成立了苹果电脑公司，如今已成为全球最成功的科技公司之一。

Highlights
我的今天

世界糖尿病日

只有通过长期的实践,直到把知识和实践融会贯通才能变成灵感。

 埃里希·弗洛姆
Erich Fromm,1900.3.23—1980.3.18 | 美籍犹太人,人本主义哲学家和精神分析心理学家,代表作品有《爱的艺术》。

History
历史上的今天

1971 年 11 月 14 日:美国太空探测卫星"水手 9 号"成为环绕火星飞行的第一颗人造卫星。

📖 高效学习

状元学习法

2015 年河南省理科状元祝乐
（总分 704 分）

为了打好基础，我把数学书上的课后习题都做了一遍。有了这些基础，在后来的高三复习和模拟考试的时候就会轻松很多。

2015 年河南省文科状元胡瑞环
（总分 638 分）

提前预习、认真听讲、做好课堂笔记是我成功的关键。提前预习可以发现自己不懂的地方，上课听讲的时候，就侧重去听这些内容。认真听讲的同时，把课堂重点以笔记的方式记下来，这样有利于课后梳理和复习。

Highlights
我的今天 ✏️

冬天来了,春天还会远吗?

珀西·雪莱
Percy Shelley,1792.8.4—1822.7.8 | 英国浪漫主义诗人,被认为是历史上最出色的英语诗人之一。

History
历史上的今天

1982 年 11 月 15 日:联合国大会通过关于和平解决国际争端的《马尼拉宣言》。

🏛 名校速览

华南理工大学

`985 院校`　`211 院校`　`教育部直属`　`双一流建设高校`

创办时间：1952 年
地理坐标：广东广州
校 庆 日：11 月 17 日
校　　训：博学慎思，明辨笃行
一流学科：化学、材料科学与工程、轻工技术与工程、食品科学与工程

华南理工大学简称"华南理工"，最早可溯源至 1918 年成立的广东省立第一甲种工业学校，正式组建于 1952 年，是新中国四大工学院之一。学校被誉为"工程师和企业家的摇篮"。2009 年以来，累计获中国专利奖数量排名全国高校第一，2015 年，专利技术转让指标居全国高校榜首。

著名风险投资人成思危、TCL 总裁李东生、著名应用数学家侯一钊等都是华南理工的校友。由于华南理工人低调、务实，它在全国的知名度与它的实力明显不匹配，以至于很多优秀学子错过报考这所在广东排名第二的名校。

Highlights
我的今天 ✏

11 月 16 日 (16) 星期 ____

国际宽容日

没有播种，何来收获；没有辛劳，何来成功；没有磨难，何来荣耀；没有挫折，何来辉煌。

威廉·佩恩
William Penn，1644.10.14—1718.7.30 | 英国海军上将，他命名创建了北美殖民地宾夕法尼亚。

History
历史上的今天
1914 年 11 月 16 日：美国联邦储备银行正式成立。

✓ 一周计划

好的计划是成功的坚实基础。

计划	核查
计划完成的事项	☐ ☐ ☐ ☐ ☐ ☐
计划开启的事项	☐ ☐ ☐ ☐ ☐ ☐ ☐

国际学生日

我们虽然在尘网中生活,但永远不要失去想飞的心,不要忘记飞翔的姿势。

林清玄
1953.2.26—2019.1.22 | 知名作家,代表作品有《身心安顿》《菩提十书》。

History
历史上的今天

1970 年 11 月 17 日:美国发明家道格拉斯·恩格尔巴特发明了第一个鼠标并且为其申请专利。

再苦也要笑一笑

落榜的原因找到了

古时候,一个富家子弟去考试。父亲事先考了他一下,成绩很好,父亲以为儿子一定能被录取。不料放榜时竟没有儿子的名字。

父亲跑去找考官评理。考官调来考卷查看,只见考卷上面朦胧一片,什么字也看不清。

父亲一回家便责骂道:"你的考卷怎么写得让人看不清?"

儿子哭道:"考场上没人替我磨墨,我只得用笔在砚上蘸着水写呀。"

Highlights
我的今天

距我的高考仅 **201** 天

11 月 18 日 ⑱ 星期 ____

如果不能自己找到解决问题的方法，即使能背出百分之百正确的答案，也学不到什么东西。

约翰·杜威

John Dewey，1859.10.20—1952.6.1 ｜ 美国实用主义哲学家、心理学家，也被视为现代教育学的创始人之一，胡适是他的学生。

History
历史上的今天

1974 年 11 月 18 日：美国总统福特在《日美和好条约》签订 120 周年之际访问日本，这是美国在任总统首次访问日本。

🎓 高效学习

状元学习法

2018 年安徽省理科状元方清源（总分 713 分）

总结出一些有价值的东西，应用到以后的学习中。在总结的过程中，看问题的视角会跟其他人有很大的不同。

2018 年安徽省文科状元郑辰筱（总分 678 分）

不应该死读书，要讲究学习方法，尤其是上课一定要认真听讲，课后多练习，这是学习的法宝。如果上课的时候不认真听，做一些与课程无关的事情，是舍本逐末的行为，得不偿失的行为，无论怎样去努力，效果都不理想。

Highlights
我的今天 ✏️

距我的高考仅 **200** 天

11月19日 19 星期＿＿＿

世界厕所日

立志是事业的大门，努力是登堂入室的旅程。这旅程的尽头就有个成功在等待着，来庆祝你努力的结果。

路易斯·巴斯德
Louis Pasteur，1822.12.27—1895.9.28 ｜ 法国微生物学家、化学家，"微生物学之父"，他率先发明狂犬病疫苗和炭疽疫苗。

History
历史上的今天
2013年11月19日：首个"世界厕所日"。

☑ **200**天计划表

世界儿童日

高考只是人生表面上的转折点。真正转折点应该是你每一天每一个小时都积累的东西。

李开复
1961.12.3—　|　创新工场董事长兼首席执行官,曾在苹果、微软和谷歌等多家公司担任要职。

History
历史上的今天

1999 年 11 月 20 日:我国第一艘载人航天实验飞船"神舟一号"在酒泉卫星发射中心发射升空。

⭐ 榜样力量
李开复谈挫折

不要害怕挫折，这是一个学习机会，学习如何不再犯，学习如何做得更好，改掉一个不好的习惯，调整人生的价值观。因为挫折让你反思，因为反思让你坚定。今天回顾我的一生，我发现我最大的学习机会都来自我的挫折，而不是来自成功。对于曾经遇到的每一个挫折，如果今天你问我是希望它发生还是不发生，我可以明确地讲，我宁可它发生。因为发生了我才能得到学习的机会，而学习对我受用终身。

Highlights
我的今天 ✏️

人的一生中,最辉煌的一天并非是功成名就的那天,而是从悲叹与绝望中产生对人生的挑战,以勇敢迈向意志那天。

古斯塔夫·福楼拜
Gustave Flaubert,1821.12.12—1880.5.8 | 法国小说家,莫泊桑的老师,代表作品有《包法利夫人》。

History
历史上的今天

1984 年 11 月 21 日:一个智利婴儿在南极诞生,他是世界上第一个在南极大陆诞生的婴儿。

🎓 高效学习

状元学习法

2016 年安徽省理科状元邢梦琳
（总分 703 分）

做题不要一味追求数量，更重要的是质量。要通过做题来查漏补缺，掌握解题的方法，学会举一反三。

2016 年安徽省文科状元王成科
（总分 657 分）

我的学习方法没有什么秘诀，我会用好课堂 45 分钟，把课堂上的知识充分消化。

Highlights
我的今天 ✏️

立志者,为学之心也;为学者,立志之事也。

王阳明
1472.10.31—1529.1.9 | 明代著名思想家、哲学家,提倡"知行合一"的理念,其学说在中国、日本、朝鲜半岛都有重要而深远的影响。

History
历史上的今天
1943 年 11 月 22 日:中、英、美三国领导人举行开罗会议。

名校速览

中南大学

`985 院校` `211 院校` `教育部直属` `双一流建设高校`

创办时间：2000 年
地理坐标：湖南长沙
校 庆 日：4 月 29 日
校　　训：知行合一，经世致用
一流学科：数学、材料科学与工程、冶金工程、矿业工程、交通运输工程

　　中南大学由原湖南医科大学、长沙铁道学院与中南工业大学于 2000 年 4 月合并组建而成。湖南医科大学的前身为 1914 年创办的湘雅医学专门学校，享有"南湘雅，北协和"的美誉，甚至有人认为，湘雅人写就了半部中国西医史。长沙铁道学院与中南工业大学最早溯源于 1903 年创办的湖南高等实业学堂。

　　梁稳根、王传福、汤飞凡等都是中南大学的校友。

Highlights
我的今天 ✏

距我的高考仅

196 天

11月23日 23 星期____

如果你想知道周围有多么黑暗，你就得留意远处的微弱光线。

伊塔洛·卡尔维诺
Italo Calvino，1923.10.15—1985.9.19 ｜ 意大利作家，代表作品有《看不见的城市》。

History
历史上的今天
1920 年 11 月 23 日：陈独秀主持起草《中国共产党宣言》。

✓ 一周计划
好的计划是成功的坚实基础。

计划	核查
计划完成的事项	☐ ☐ ☐ ☐ ☐ ☐ ☐
计划开启的事项	☐ ☐ ☐ ☐ ☐ ☐ ☐

距我的高考仅 **195** 天

11月24日 24 星期 ____

敢于浪费哪怕一个钟头的人,说明他还不懂得珍惜生命的全部价值。

查尔斯·达尔文

Charles Darwin,1809.2.12—1882.4.19 | 英国生物学家,进化论的奠基人。他提出了生物进化论学说,代表作品有《物种起源》。

History

历史上的今天

1859 年 11 月 24 日:达尔文的《物种起源》正式出版。

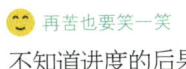 再苦也要笑一笑

不知道进度的后果

 怎么会有男生追女生追到一半不追了?

你倒是给个进度条啊。

Highlights
我的今天 ✏

距我的高考仅

194 天

11月25日 · 25 · 星期____

明天，我们会跑得更快，伸展得更远。

弗朗西斯·菲茨杰拉德
Francis Fitzgerald，1896.9.24—1940.12.21 ｜美国著名小说家，代表作品有《了不起的盖茨比》。

History
历史上的今天
2020年11月25日：20世纪最伟大的足球运动员之一马拉多纳去世。

高效学习
状元学习法

2018 年黑龙江省理科状元崔博飞
（总分 701 分，数学满分）

最大限度地提升课堂学习效率，不论学习多么累，老师说的每一句话、写的每一个板书，都记在心里。

2018 年黑龙江省文科状元孙海廷
（总分 649 分）

列一张表，把自己需要训练的点，比如基础知识薄弱或者视野不够开阔、思考没有深度等问题逐一列举出来，然后对症下药，视情况决定我们要做什么题、做多少题。

Highlights
我的今天

不要放弃你的梦想。当梦想没有了以后,你还可以生存,但是你虽生犹死。

马克·吐温
Mark Twain,1835.11.30—1910.4.21 | 美国幽默大师、作家,代表作品有《哈克贝利·费恩历险记》等。

History
历史上的今天

1990 年 11 月 26 日:上海证券交易所正式成立。这是改革开放以来中国大陆开业的第一家证券交易所。

📛 名校速览

湖南大学

985院校　211院校　教育部直属　双一流建设高校

创办时间：976 年
地理坐标：湖南长沙
校 庆 日：10 月 2 日
校　　训：实事求是，敢为人先
一流学科：化学、机械工程、电气工程

　　湖南大学简称"湖大"，坐落在岳麓山下，教学建筑都围绕岳麓书院（起源于976年），这是中国最古老的高等学府，享有"千年学府，百年名校"之誉。从创办岳麓书院之初，到历经宋、元、明、清的变迁，始终保持着优良的教育传统。1903年改制为湖南高等学堂，1926年定名为湖南大学。2000年原湖南大学与湖南财经学院合并组建成新的湖南大学。

　　理学家张栻、朱熹曾在这里留下"朱张会讲"的佳话；心学大师王阳明曾在这里留下讲学的痕迹；康熙、乾隆也曾在此留下墨迹……所以，身处湖大，你会不自觉地爱上学习。

Highlights
我的今天 ✏

距我的高考仅

192 天

11月27日 ㉗ 星期＿＿

人要有毅力，否则将一事无成。

玛丽·居里

Marie Curie，1867.11.7—1934.7.4 | 通常被称为居里夫人，首位获得诺贝尔奖的女性，也是巴黎大学首位女教授。她以祖国波兰的名字命名她所发现的第一种元素钋。

History
历史上的今天
2001年11月27日：人类首次观测到太阳系外行星的大气。

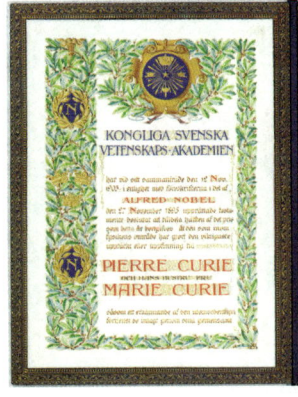

▲ 居里夫人第一次获得诺贝尔奖的证书

⭐ 榜样力量

居里夫人：给外孙女的信（节选）

去年春天，我的女儿们养了些蚕。我那时候还很不舒服，有好几个星期不得不停止活动，所以我把蚕的结构观察了好久。我觉得这很有趣。那些很活泼、很细心的蚕，那样自愿地、坚持地工作着，真正感动了我。看着它们，我觉得自己与它们是同类，或许在工作上我还不如它们组织得严密。我也是永远忍耐地向一个极好的目标努力。我知道生命很短促、很脆弱，知道它不能留下什么，知道别人的看法不同，而且不能保证我的努力自有真理，但是我仍旧如此做。我这样做，无疑有使我不得不这样做的原因，正如蚕不得不做茧。那可怜的蚕即使它不能把茧做成，它也必须开始，并且仍然那样细心地去工作；而如果它不能完成任务，它死了就没有变化，没有报酬。

亲爱的涵娜，我们每个人都吐丝做自己的茧吧，不必问原因，不必问结果。

Highlights ✏️
我的今天 ✏️

距我的高考仅

1 9 1 天

11月28日 (28) 星期____

顽强的毅力可以征服世界上任何一座高峰。

查尔斯·狄更斯
Charles Dickens, 1812.2.7—1870.6.9 | 维多利亚时代英国最伟大的作家，代表作品有《双城记》《大卫·科波菲尔》。

History
历史上的今天

1660 年 11 月 28 日：雷恩、玻意耳等 12 名科学家在英国伦敦的格雷山姆学院决定成立一个学会，后来这个学会发展成现在的英国皇家学会。

 高效学习

状元学习法

2016年黑龙江省理科状元王凯旋
（总分709分）

做题的同时一定要有自己的思考，了解为什么会出这道题，为什么从这个方面解答是最简单的。这样做看似浪费时间，其实在找到规律后会发现万变不离其宗。

2016年黑龙江省文科状元曲铁男
（总分637分，数学满分）

首先，在课堂上跟住老师。其次，不能局限于课堂。多读书，多看纪录片。最后，心态一定要平稳。不能因为某次没考好就慌了神。

Highlights
我的今天 ✏

距我的高考仅 **190** 天

11月29日 ㉙ 星期____

没有经过多少周折而顺利地达到目的取得胜利,反倒使人觉得意犹未尽不大过瘾。

陈忠实
1942.8.3—2016.4.29 | 著名作家,第四届茅盾文学奖得主,代表作品有《白鹿原》。

History
历史上的今天
1893年11月29日:张之洞奏请光绪皇帝创立武汉大学的前身自强学堂。

▲ 郑州大学主校区　　©Dr.di.zhang

名校速览

郑州大学

211院校　部省合建　双一流建设高校

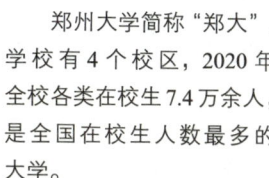

创办时间：1956年
地理坐标：河南郑州
校　　训：求是，担当
一流学科：化学、材料科学与工程、临床医学

　　郑州大学简称"郑大"，学校有4个校区，2020年全校各类在校生7.4万余人，是全国在校生人数最多的大学。

　　郑大作为河南省唯一的211院校，教育资源丰富，因此报考的竞争是非常大的，要知道河南近年来每年的高考人数均较多，甚至高达百万。

　　作家二月河、哲学家嵇文甫、物理学家霍秉权、化学家侯德榜等知名专家学者曾在郑大任教。

Highlights
我的今天 ✏

不要在意你从哪里起步,一定要看到你会在哪里止步。

科林·鲍威尔
Colin Powell,1937.4.5—2021.10.18 | 曾任美国参谋长联席会议主席、美国国务卿,是美国第一位非裔国务卿。

History
历史上的今天
2016 年 11 月 30 日:"二十四节气"申遗成功。

本月小结

努力,让每一秒都过得有意义。

本月自我评价

本月最有成就感的事

12 月 *DECEMBER*

荀子

积土成山，风雨兴焉；积水成渊，蛟龙生焉；积善成德，而神明自得，圣心备焉。故不积跬步，无以至千里；不积小流，无以成江海。

本月目标

本月计划

世界艾滋病日

一切伟大的行动和思想,都有一个微不足道的开始。

阿尔贝·加缪
Albert Camus,1913.11.7—1960.1.4 | 法国著名小说家、哲学家,1957年获诺贝尔文学奖,成为最年轻的诺贝尔文学奖获得者,代表作品有《局外人》。

History
历史上的今天
1878年12月1日:美国白宫安装了第一部电话,由电话的发明人亚历山大·贝尔亲自安装。

🎓 高效学习

状元学习法

2019年江西省理科状元高云浩
（总分703分）

学习上最主要的是态度上要细心、严谨，平时听好每一堂课，把握课堂的时间，课后做好练习。

2019年江西省文科状元邱瑞昆
（总分671分）

坚韧和乐观的心态，对整个高中三年都有很大的帮助。在高考的时候，实力都已积淀，可能改变不了多少，最重要的看心态、看发挥。

Highlights
我的今天 ✏️

距我的高考仅

187 天

12月2日 ② 星期＿＿

全国交通安全日

有什么比石头更硬？有什么比水更软？然而，只要坚持不懈，软水可以穿透硬石。

奥维德
Ovid，前 43.3.20—17/18 ｜古罗马诗人，代表作品有《爱的艺术》《变形记》。

History
历史上的今天
2010 年 12 月 2 日：美国学者发现生命第七元素砷（科学界以往认为生命由碳、氢、氮、氧、磷和硫六种元素构成）。

 再苦也要笑一笑

我是怕其他同学没听清楚

班主任　今天校长在台上宣布学期考试年级第一名的时候,你没及时上去,是不舒服吗?

不是。
学霸

班主任　那你是没听到吗?

听到了的。
学霸

班主任　那为什么校长叫了好几次你才上台去?

我是怕其他同学没听清楚。
学霸

Highlights
我的今天 ✏

国际残疾人日

就算失败了,我也会一次又一次地尝试。因为决定放弃的那一刻,我才是真正的失败。

尼克·胡哲
Nick Vujicic,1982.12.4— | 澳大利亚演讲家,天生没有四肢。他以自己的亲身经历激励了千万人,著有《人生不设限》。

History
历史上的今天

1967 年 12 月 3 日:南非医生克里斯蒂安·巴纳德进行全球首例心脏移植手术。

▲ 云南大学校内的至公堂

 名校速览

云南大学

211院校　部省合建　双一流建设高校

创办时间：1922 年
地理坐标：云南昆明
校　庆　日：4 月 20 日
校　　　训：自尊，致知，正义，力行
一流学科：民族学、生态学

　　云南大学简称"云大"，始建于 1922 年，1946 年被《不列颠百科全书》列为中国 15 所在世界最具影响的大学之一。

　　云大校本部所在地曾是科举时代的乡试贡院，至公堂则是贡院的主体建筑。民族英雄林则徐曾两次在至公堂主考。云大前身私立东陆大学的开学典礼也是在至公堂举行的，从此，很多重要集会在此举行，很多著名学者在这里发表演讲。闻一多先生著名的"最后一次演讲"也是在至公堂进行的。

Highlights
我的今天 ✏

距我的高考仅 **185** 天

12月4日 ④ 星期＿＿

国家宪法日、全国法制宣传日

克服恐惧最好的办法理应是：面对内心所恐惧的事情，勇往直前地去做，直到成功为止。

富兰克林·罗斯福
Franklin Roosevelt，1882.1.30—1945.4.12｜美国第32任总统，连续出任四届美国总统，是唯一连任超过两届的美国总统。

History
历史上的今天
1982 年 12 月 4 日：《义勇军进行曲》被恢复为国歌。

榜样力量

罗斯福:对日宣战演讲(节选)

昨天,日本政府发动了对马来西亚的袭击。

昨夜日本部队袭击了香港。

昨夜日本部队袭击了关岛。

昨夜日本部队袭击了菲律宾群岛。

昨夜日本部队袭击了威克岛。

今晨日本人袭击了中途岛。

日本在整个太平洋发动了全面的突然袭击。昨天和今天的情况已说明了事实的真相。美国人民已经清楚地了解到这是关系我国存亡安危的问题。

作为海、陆军总司令,我已指令采取一切手段进行防御。

我们将永远记住对我们这次袭击的性质。

无论需要多长时间去击败这次预谋的侵略,美国人民正义在手,有力量夺取彻底的胜利。

我保证我们将完全确保我们的安全,确保我们永不再受到这种背信弃义行为的危害,我相信这话说出了国会和人民的意志。

大敌当前,我国人民、领土和利益正处于极度危险的状态,我们绝不可稍有懈怠。

我们相信我们的军队、我们的人民有无比坚定的决心,因此,胜利必定属于我们。

Highlights
我的今天

距我的高考仅

184 天

12月5日 5 星期____

国际志愿者日

拼一切代价，去奔你的前程。

奥诺雷·巴尔扎克
Honore de Balzac，1799.5.20—1850.8.18 | 法国著名小说家，被称为"现代法国小说之父"，一生创作了90多部小说，合称《人间喜剧》。

History

历史上的今天

1986年12月5日：首个国际促进经济和社会发展志愿人员日（简称国际志愿者日）。

高效学习
状元学习法

2016 年江苏省理科状元李云飞
（总分 445 分，数学满分）

先预习，再听课，把接受知识的时间前移，带着自己的理解来到课堂上，往往能进行更加深入的思考，也更容易与老师的思路碰撞出新的火花。

2016 年江苏省文科状元魏思伦
（总分 427 分）

设置中期学习目标，而不是定下一个很长远的目标。然后朝着自己的目标脚踏实地往前走，走好每一步。

Highlights
我的今天

距我的高考仅

183 天

12月6日 ⑥ 星期＿＿

我认为，英雄是在巨大困境中发现力量去坚持、忍耐的普通人。

克里斯托弗·里夫
Christopher Reeve，1952.9.25—2004.10.11 | 美国知名演员，以扮演超人而闻名。

History

历史上的今天

1905年12月6日：清政府设立学部，科举制度结束。

▲ 国防科技大学长沙校区一号院北门　© 国防科技大学

 名校速览

中国人民解放军国防科技大学

985 院校　211 院校　中央军委直属　双一流建设高校

创办时间：1953 年
地理坐标：湖南长沙
校 庆 日：9 月第四个星期六
校　　训：厚德博学，强军兴国
一流学科：信息与通信工程、计算机科学与技术、航空宇航科学与技术、软件工程、管理科学与工程

中国人民解放军国防科技大学简称"国防科技大学"，其前身是 1953 年创建的"哈军工"，1970 年学校主体南迁长沙。

国防科技大学是军队唯一进入 985 工程的院校，也是军队唯一纳入双一流建设的高校，被誉为"军中清华"。

国防科技大学本部的地理位置非常优越，周围有湖南省博物馆、长沙市博物馆、图书馆、音乐厅、烈士公园、湖南卫视……

Highlights
我的今天 ✏

距我的高考仅 **182** 天

12月7日 7 星期＿＿＿

国际民航日

没有人不爱惜他的生命，但很少人珍视他的时间。

梁实秋

1903.1.6—1987.11.3 ｜ 著名作家，华人世界第一个研究莎士比亚的权威作家，译有《莎士比亚全集》，代表作品有《雅舍小品》等。

History
历史上的今天
2007年12月7日：我国取消"五一"长假。

✓ 一周计划

好的计划是成功的坚实基础。

计划	核查
计划完成的事项	☐ ☐ ☐ ☐ ☐ ☐ ☐
计划开启的事项	☐ ☐ ☐ ☐ ☐ ☐ ☐

谁能战胜痛苦和恐惧,他自己就能成为上帝。

陀思妥耶夫斯基
Dostoevsky,1821.11.11—1881.2.9 | 俄国作家,代表作品有《罪与罚》《卡拉马佐夫兄弟》。

History
历史上的今天

1941 年 12 月 8 日:日本海军联合舰队偷袭美国在太平洋的主要海军基地珍珠港,太平洋战争爆发。

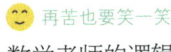 再苦也要笑一笑

数学老师的逻辑

 同学,把漫画拿出来。上晚自习不许看漫画。

老师,我没看漫画,我是在看数学。

 别以为我在台上讲课不知道你在看漫画。

老师,我真没看……

 夹在数学书中的,拿出来。

哇,老师您有透视眼啊。

 数学书我看都想哭,你竟然边看边笑!

Highlights
我的今天

世界足球日

人生是场球赛,你得按照规则进行比赛。

杰罗姆·塞林格
Jerome Salinger,1919.1.1—2010.1.27 | 美国作家,代表作品有《麦田里的守望者》。

History
历史上的今天

1425 年 12 月 9 日:比利时最古老的大学——鲁汶大学建立。

🎓 高效学习

状元学习法

2018 年吉林省理科状元才泽赢
（总分 716 分）

每次考试或者训练时，做错的题会标记下，然后抽时间整理到错题本上，总在一个点上出错的题，会在错题本上作特殊标记。每周会抽时间来回顾这些老伤口，分析自己是马虎还是知识点不牢固。

2018 年吉林省文科状元金玲演
（总分 689 分）

每天背新单词的时候把觉得不好记的单词标记出来，第二天在背新单词的同时复习前一天的标记单词，第三天复习前两天的，以此类推，以一周为一个单位。

Highlights
我的今天 ✏️

距我的高考仅 **179** 天

12月10日 ⑩ 星期____

世界人权日

只要我一千个想法中有一个被证明是很好的,我就满意了。

阿尔弗雷德·诺贝尔
Alfred Nobel, 1833.10.21—1896.12.10 | 瑞典化学家、发明家,诺贝尔奖创立者。

History
历史上的今天
1901 年 12 月 10 日:瑞典首次颁发诺尔奖。

诺贝尔:设计全球最知名的大奖

诺贝尔有丰富的创造力和过人的天赋,尽管缺乏正式的中等和高等教育,诺贝尔仍然熟练运用六种语言——瑞典语、法语、俄语、英语、德语和意大利语。他还有文学技能,会创作诗歌。但一直到诺贝尔垂危的时候,他唯一的一部剧作才得以付印。

诺贝尔在遗嘱中写道,把奖金分为五份:

一、给在物理学方面有最重要发现或发明的人;

二、给在化学方面有最重要发现或新改进的人;

三、给在生理学或医学方面有最重要发现的人;

四、给在文学方面表现出了理想主义的倾向并有最优秀作品的人;

五、给为国与国之间的友好、废除使用武力与促进和平作出贡献的人。

在1968年,瑞典国家银行为纪念诺贝尔而增设了第六个奖项——经济学奖,该奖项从1969年开始颁发。

Highlights
我的今天

距我的高考仅 **178** 天

12月11日 ⑪ 星期＿＿＿

国际山岳日

如果一切看起来尽在掌控之中，那说明你跑得不够快。

马里奥·安德烈蒂
Mario Andretti, 1940.2.28—　|　意裔美籍赛车手，有史以来最成功的赛车手之一，在美国他就是速度的代名词。

History
历史上的今天
1981年12月11日：我国首次举办托福考试。

榜样力量

帕沃·鲁米：田径金牌运动员

帕沃·鲁米是奥运会田径赛中获得金牌最多的运动员：3次参加奥运会共获得9枚金牌。同时，他还22次打破田径世界纪录。

鲁米从小家境贫寒，13岁时不得不外出谋生，在一家商店当了搬运工。搬运工作十分繁忙，必须腿脚勤快，随叫随到，没有确定的上下班时间。艰苦的生活，繁重的劳动，非但未使少年鲁米倒下，相反却锻炼了他的意志和身体素质。渐渐地，他对跑步产生了浓厚的兴趣，利用业余时间从事田径训练。

23岁时，鲁米首次参加奥运会，一举成名：在1000米、8000米以及个人越野赛中夺得3枚金牌，并在5000米赛中斩获银牌。

他在赛跑时有个独特的习惯，总是右手拿着一块秒表，思想集中，精确地计算和分配每圈的时间和速度。当最后一圈铃声响后，他就将秒表往地上一扔，全速冲向目标。

Highlights
我的今天

距我的高考仅 **177** 天

12月12日 ⑫ 星期 ___

西安事变纪念日

生活是不公平的，不管你的境遇如何，你只能全力以赴。

史蒂芬·霍金
Stephen Hawking, 1942.1.8—2018.3.14 | 英国科学家，著有科学著作《时间简史》。

History
历史上的今天
1936 年 12 月 12 日：张学良、杨虎城发动"西安事变"。

🎓 高效学习

状元学习法

2016 年吉林省理科状元刘墨涵
（总分 708 分）

> 不能强迫自己学习，那样效率会很低，我每次都调整好心态，直到自己愿意去学习。

2016 年吉林省文科状元马程
（总分 660 分）

> 我觉得学习最重要的，是课上一定要跟住老师，课后保质保量地完成老师布置的学习任务。如果完成课后任务后还有余力，应该加强自己薄弱学科的学习。

Highlights
我的今天 ✏️

距我的高考仅 **176** 天

12月13日 ⑬ 星期＿＿

南京大屠杀死难者国家公祭日

只有经历过地狱般的磨砺,才能练就创造天堂的力量;只有流过血的手指,才能弹出世间的绝响。

罗宾德拉纳特·泰戈尔
Rabindranath Tagore,1861.5.7—1941.8.7 | 印度诗人、哲学家,第一位获得诺贝尔文学奖的亚洲人,代表作品有《飞鸟集》《园丁集》《新月集》等。

History
历史上的今天
2014年12月13日:首个"南京大屠杀死难者国家公祭日"。

名校速览
中国政法大学

211院校　教育部直属　双一流建设高校

创办时间：1952 年
地理坐标：北京
校 庆 日：5 月 16 日
校　　训：厚德，明法，格物，致公
一流学科：法学

中国政法大学简称"法大"，其前身是 1952 年由北京大学、清华大学、燕京大学、辅仁大学四校的法学、政治学、社会学等学科组合而成的北京政法学院。法大被誉为"中国法学教育的最高学府""政法人才的摇篮"。

法大的法学不分方向，所有本科生都学同样的必修法学课程，到研究生阶段才进行专业细分。而法学专业又分为四个学院，据说全世界将一个专业分为四个学院的只有法大和著名的霍格沃茨魔法学校。

Highlights
我的今天

距我的高考仅

175 天

12月14日 (14) 星期 ____

人若没有目标,很快会一无所有;有个低微的目标也胜似毫无目标。

托马斯·卡莱尔
Thomas Carlyle,1795.12.4—1881.2.5 | 英国历史学家,著有《论英雄、英雄崇拜和历史上的英雄事迹》《法国革命史》等。

History
历史上的今天

1984年12月14日:中国足球队在半决赛中击败对手,首次进入亚洲杯足球赛决赛。

✓ 一周计划

好的计划是成功的坚实基础。

计划	核查
计划完成的事项	☐ ☐ ☐ ☐ ☐ ☐ ☐
计划开启的事项	☐ ☐ ☐ ☐ ☐ ☐ ☐

距我的高考仅 **174** 天

12月15日 15 星期____

世界强化免疫日

我们都生活在阴沟里，但仍有人仰望星空。

奥斯卡·王尔德
Oscar Wilde, 1854.10.16—1900.11.30 | 爱尔兰作家，英国唯美主义艺术运动的倡导者，代表作品有《道林·格雷的画像》。

History
历史上的今天
1983 年 12 月 15 日：中国女子足球队成立。

再苦也要笑一笑

足球的启示

高三进入最残忍的 12 月,班主任组织同学们收看足球赛,以放松绷紧的神经。

比赛结束后,班主任组织大家讨论,主题是:在学习上如何发扬足球精神。

一位同学说:"如果说结合学习,我们之所以考试分数低,就因为球传得不好,有些人不自觉,别人把球传给他,他抄完了就不肯再往下传。"

Highlights
我的今天

走好选择的路,别选择好走的路,你才能拥有真正的自己。

杨绛
1911.7.17—2016.5.25 | 作家、戏剧家、翻译家,代表作品有《我们仨》。

History
历史上的今天
1890 年 12 月 16 日:人类第一次利用血清注射治疗疾病获得成功。

🎓 高效学习
状元学习法

2018 年湖南省理科状元王松源
（总分 704 分）

> 笔记在精不在多，要学会浓缩，不然复习起来看都看不完，这是我觉得学弟学妹可以借鉴的一点小技巧。

2018 年湖南省文科状元刘宇薇
（总分 701 分，数学满分）

> 学习文综时，不要钻牛角尖，有不懂的就要及时向同学和老师请教，自己也多读读课外书，拓宽自己的视野与答题思路。

Highlights
我的今天 ✏️

飞蛾扑火是因为着魔，狼群爬山是为了寻找太阳。

卡勒德·胡赛尼
Khaled Hosseini，1965.3.4— | 美籍阿富汗作家，代表作品有《追风筝的人》。

History

历史上的今天

2019 年 12 月 17 日：我国第一艘国产航空母舰——"山东"舰交付海军服役。

🏫 名校速览

中央音乐学院

`211 院校`　`教育部直属`　`双一流建设高校`

创办时间：1950 年 6 月
地理坐标：北京
校 庆 日：11 月 1 日
校　　训：勤奋，求实，团结，进取
一流学科：音乐与舞蹈学

　　中央音乐学院简称"央音"，是全国艺术院校中唯一一所国家重点高校，是一所公认的能代表中国最高专业音乐教育水平的音乐学府。央音拥有亚洲最大的专业音乐图书馆，馆藏图书资料 53 万册。

　　作曲家潘德列茨基，指挥家小泽征尔，钢琴家阿什肯纳齐，歌唱家帕瓦罗蒂、多明戈等，曾定期或不定期在央音举办大师班。汪峰、郎朗、金铁霖、谭盾等都是该校知名校友。

Highlights
我的今天 ✏️

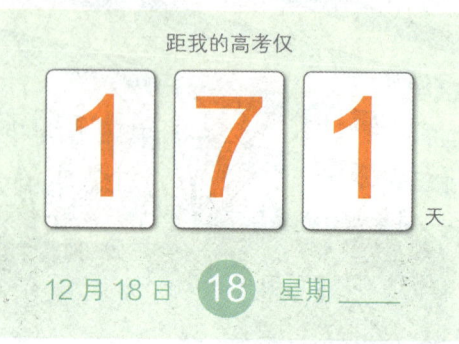

距我的高考仅 **171** 天

12月18日 ⑱ 星期＿＿＿

这一次，我要证明自己，我想赢得比赛。

苏珊·波伊尔
Susan Boyle，1961.4.1— ｜苏格兰歌手，人称"苏珊大妈"，2009年参加《英国达人秀》而受到大众的注意。

History
历史上的今天

1979年12月18日：联合国大会在美国纽约通过《消除对妇女一切形式歧视公约》。

榜样力量
苏珊大妈：我曾有梦想

2009年，47岁的苏珊大妈第一次亮相《英国达人秀》，不同于其他选手的精心打扮，她以一头蓬乱卷发的形象出现在舞台上。与主持人聊起自己的愿望，她说："我的愿望是成为一名专业歌唱家。"台下一阵哄笑。但她张口唱出声的一刹那，连评审们都露出惊讶的表情，全场为她欢呼雀跃。

节目后，她推出了出道专辑《我曾有梦》，全球销量超过1000万张。

2010年，她被《时代》杂志评选为全球最具影响力人物第7位，奥巴马邀请她参加晚宴，伊丽莎白二世登基60周年钻石庆典请她演唱。她还因"对社会及文艺界做出了贡献"，被爱丁堡的玛格丽特女王大学特别授予了荣誉博士学位。

10年后，她在《美国达人秀：冠军们》节目中说："我想对那些没有自信去实现梦想的人、那些无法为自己发声的人，还有那些总被人忽略的人说，我是你们心中的冠军。"

Highlights
我的今天

每一次说不懂的机会,都会成为我们人生的转折点。

约翰·洛克菲勒

John Rockefeller,1839.7.8—1937.5.23 | 美国企业家,因革新了石油工业和塑造了慈善事业现代化结构而闻名。

History
历史上的今天

1979 年 12 月 19 日:日本学者首次确定致癌遗传基因结构。

🎓 高效学习
状元学习法

2016 年湖南省理科状元杨程远
（总分 708 分）

> 我觉得做题就要做好、做精、做透，每做一道题都当成一个必须要做完的事情来做，而不是当作任务去应付。这也是对题目的尊重。

2016 年湖南省文科状元李丹
（总分 666 分）

> 对学习，自己要有兴趣，而且一旦开始学习就一定不能有排斥的心理，一定要静下心来好好学。

Highlights
我的今天 ✏️

距我的高考仅

169 天

12 月 20 日　20　星期 ____

国际人类团结日

人这一辈子，活得真是不容易。短的是人生，长的是磨难。

张爱玲
1920.9.30—1995.9.8 ｜著名小说家，代表作品有《同学少年都不贱》《倾城之恋》《红玫瑰与白玫瑰》。

History

历史上的今天

1999 年 12 月 20 日：中葡两国政府澳门政权交接仪式隆重举行。

🏛 名校速览

中央财经大学

`211 院校`　`教育部直属`　`双一流建设高校`

创办时间：1949 年
地理坐标：北京
校 庆 日：11 月 6 日
校　　训：忠诚，团结，求实，创新
一流学科：应用经济学

　　中央财经大学简称"中财大"，是新中国成立后创办的第一所新型高等财经院校。中财大被誉为"中国财经管理专家的摇篮""财经黄埔""银行家的摇篮"。本校师生则会戏称为"种菜"，自称CUFEr或"菜农"。

　　中财大的应用经济学与北京大学、中国人民大学的并列全国第一，是在财经类院校中唯一享此殊荣的。

　　中财大还有一大特色——金融学之夜。由于本科金融学课程难度大、内容多，试卷题量、难度大，考题灵活多变，因此在每年金融学考试的前一夜，就会出现全校学生一起挑灯夜战复习金融学的情景。

Highlights
我的今天 ✏️

距我的高考仅 **168** 天

12月21日　21　星期＿＿＿

国际篮球日

我不高大，甚至很矮，也没有最好的运动素质，但我会玩命地扑向篮球，因为我爱篮球。

查克·海耶斯
Chuck Hayes，1983.6.11—　|　前美国 NBA 运动员，司职大前锋/中锋，现任休斯敦火箭队球探。

History
历史上的今天
1937 年 12 月 21 日：世界上第一部彩色动画长片《白雪公主和七个小矮人》在美国首映。

✅ 一周计划

好的计划是成功的坚实基础。

计划	核查
计划完成的事项	☐ ☐ ☐ ☐ ☐ ☐ ☐
计划开启的事项	☐ ☐ ☐ ☐ ☐ ☐ ☐

人不是从娘胎里出来就一成不变的,相反,生活会逼迫他一次又一次地脱胎换骨。

加西亚·马尔克斯
Garcia Marquez,1927.3.6—2014.4.17 | 哥伦比亚文学家,1982年诺贝尔文学奖得主,代表作品有《百年孤独》。

History
历史上的今天
1983年12月22日:中国野生动物保护协会成立。

 再苦也要笑一笑

蜕变=退变

 班主任：同学们,好好珍惜高三的每一天吧。

学渣：老师,为什么啊？

 班主任：因为高考前,你们是国家一级保护动物。

学渣：高考后就不是了？

 班主任：高考后,你们是野生动物。

学渣：……

 班主任：更惨的是,查分数后,你们可能变成了害虫。

Highlights
我的今天 ✏

让我沿着我自己的道路奋斗吧，千万不要丧失勇气，不要松劲。

文森特·凡·高
Vincent van Gogh，1853.3.30—1890.7.29 | 荷兰后印象派画家，代表作品有《向日葵》《星月夜》等。

History
历史上的今天
1888年12月23日：荷兰画家文森特·凡·高用剃须刀割下自己左耳的一部分。

🎓 高效学习

状元学习法

2018 年陕西省理科状元杨佳宇
（总分 712 分）

老师讲的时候，一定要去想，这个概念为什么这样写，这样写肯定有它这样的原因，要去理解。或者说老师为什么要这样讲，讲的这个方法下次我可以用在哪里，还有没有其他方法。

2018 年陕西省文科状元李怡暄
（总分 690 分）

我不建议高中生过多地去考虑未来，对于高考这样一个既定的目标，最重要的是看好脚下的路。做自己的每日计划和每月计划，每日计划做成 to do list，每月计划给自己一门最需要提升的科目。

Highlights
我的今天 ✏️

平安夜

我们最后变成什么样,并不取决于我们选择了哪条道路,而是取决于我们的内心。

欧·亨利
O. Henry,1862.9.11—1910.6.5 | 美国小说家,他与莫泊桑、契诃夫并称"世界三大短篇小说之王"。

History
历史上的今天

1906 年 12 月 24 日:美国无线电爱好者费森登首次在世界上进行了无线电广播。

▲ 北京外国语大学图书馆新馆大门外侧的多语种装饰墙　©颜邯

名校速览

北京外国语大学

211院校　教育部直属　双一流建设高校

创办时间：1941年
地理坐标：北京
校 庆 日：9月第三个星期六
校　　训：兼容并蓄，博学笃行
一流学科：外国语言文学

　　北京外国语大学简称"北外"，其前身是1941年成立于延安的中国抗日军政大学三分校俄文大队。

　　北外已开设101种外国语言，开齐了与我国建交国家的官方语言，是国内外国语类高等院校中教授语种最多的大学。北外毕业的校友中有400多人先后出任过驻外大使，1000多人出任过参赞，因此北外被誉为"共和国外交官的摇篮"。

　　翻译家丁祖馨，教育家许国璋、吴冰，主持人杨澜、何炅等都是北外的校友。

Highlights
我的今天

距我的高考仅

164 天

12月25日 25 星期____

圣诞节

认准了一件事情，投入兴趣与热情坚持去做，你就会成功。

俞敏洪
1962.9.4—　｜新东方学校创始人，现任新东方教育科技集团总裁。他历经三次高考，最后终于考入北京大学。

History
历史上的今天
1758年12月25日：哈雷彗星第一次在人们预言的时间里出现。

俞敏洪：坚持梦想，实现梦想

俞敏洪家在农村，高一下半学期才进入高中，所以功课明显跟不上。复习了10个月，俞敏洪参加了1978年的高考。他报考的常熟师专外语录取分数线是38分，俞敏洪的英语却只考了33分。高考失利之后，俞敏洪没有失望，家里人也没有给他什么压力，反正不行就在农村干活。第二年他再次参加高考。这次他的总分虽然过了录取分数线，但英语只考了55分，而常熟师专的外语录取分数线变成了60分。俞敏洪再度落榜。

1980年，在辅导班苦读的俞敏洪迎来了第三次高考。英语考试时间是两个小时，俞敏洪仅仅用了40分钟就交了卷。英语老师大怒，迎面抽了俞敏洪一耳光，说今年就你一个人有希望考上北大，结果你自己给毁了。分数出来以后，俞敏洪的英语是95分，总分387分。当年北大的录取分数线是380分。一个月后，俞敏洪收到了北大的录取通知书。

通过三次高考的经历，俞敏洪改变了自己的一生，也让他总结出一个人生信条，那就是：如果一件事你努力了，但没有成功，人生不会因此变得更糟糕；如果有成功的可能，就一定要努力争取。

Highlights
我的今天

一个人到处分心,就一处也得不到美满的结果。

杰弗里·乔叟
Geoffrey Chaucer, 1343—1400.10.25 | 英国中世纪最杰出的诗人,代表作品有《坎特伯雷故事集》。

History
历史上的今天
1898年12月26日:法国化学家皮埃尔·居里和玛丽·居里夫妇公布发现镭。

🎓 高效学习

状元学习法

2016 年陕西省理科状元成大立
（总分 721 分）

> 很多同学觉得学理科就是大量地刷题，其实不在于题做得多，而在于思考和琢磨。每道题都有它的灵魂，如果你根据它的知识点进行发散思维，那么做好一道题你会领悟到更多。

2016 年陕西省文科状元陈卓
（总分 691 分）

> 专注当下，日积月累。就是说不要胡思乱想，把事情做好，比如成绩不理想，不要太在意，要看哪里没有学好。

Highlights
我的今天 ✏️

我的梦想,值得我本人去争取,我今天的生活,绝不是我昨天生活的冷淡抄袭。

司汤达
Stendhal,1783.1.23—1842.3.23 | 法国作家,他以准确的人物心理分析和凝练的笔法而闻名,代表作品有《红与黑》。

History
历史上的今天
2002 年 12 月 27 日:世界上最大的水利工程——南水北调工程动工。

🏫 名校速览

中国地质大学

211 院校　教育部直属　双一流建设高校

创办时间：1952 年
地理坐标：北京、湖北武汉
校 庆 日：11 月 7 日
校　　训：艰苦朴素，求真务实
一流学科：地质学、地质资源与地质工程

地大（武汉）

地大（北京）

　　中国地质大学简称"地大"，1952 年由 4 所大学的地质系合并组建成北京地质学院，这是当时著名的八大学院之一。地大被誉为"中国地球科学的最高学府"。

　　1974 年，地大迁至武汉，1978 年在北京校址设立研究生部，2005 年武汉和北京两个校区独立办学。所以，如今地大有北京和武汉两所，你可以根据自己的偏好，选择最合适的城市。

Highlights
我的今天 ✏

距我的高考仅

1 6 1 天

12月28日 28 星期____

我们要敢于看,敢于听,敢于笑,敢于惊讶,也敢于做梦。

托马斯·曼

Thomas Mann, 1875.6.6—1955.8.12 | 德国著名作家,1929年获得诺贝尔文学奖,代表作品有《魔山》。

History

历史上的今天

1985年12月28日:国家专利局在人民大会堂颁发首批中华人民共和国专利证书,对143项专利申请授予专利权。

✓ 一周计划

好的计划是成功的坚实基础。

计划	核查
计划完成的事项	☐ ☐ ☐ ☐ ☐ ☐ ☐
计划开启的事项	☐ ☐ ☐ ☐ ☐ ☐ ☐

距我的高考仅

160 天

12月29日 29 星期____

生命中最伟大的光辉不在于永不坠落,而是坠落后总能再度升起。

纳尔逊·曼德拉
Nelson Mandela,1918.7.18—2013.12.5 | 南非首位黑人总统,被尊称为"南非国父",获1993年诺贝尔和平奖。

History
历史上的今天
1967年12月29日:"黑洞"一词被约翰·阿奇巴德·惠勒首次使用。

▲ 人类拍到的第一张黑洞照片　©NASA

😊 再苦也要笑一笑

学渣所理解的黑洞

 学渣：每一科对我来说都像一个黑洞。

完全把你吸引进去了？ 学霸

 学渣：不是，是我对它们一无所知。

Highlights
我的今天 ✏

距我的高考仅

159 天

12 月 30 日　30　星期 ____

当乌云飞临你的头顶,试图笼罩你闪射的光芒,而你远射的明辉却愈加纯净,把袭来的晦色逐一驱光。

乔治·拜伦
George Byron,1788.1.22—1824.4.19 | 英国诗人、浪漫主义文学泰斗,代表作品有《唐璜》等。

History
历史上的今天
1941 年 12 月 30 日:陈纳德"飞虎队"来华作战。

高效学习
状元学习法

2018年贵州省理科状元燕鸿伟
（总分708分）

每个科目各有一本错题本，无论是好题、错题、难题，还是重要的知识点，我都记录在错题本上，这样我可以随时拿出来反复咀嚼。

2018年贵州省文科状元闵锐
（总分714分）

有一个成语叫熟能生巧，我相信不管是怎样的同学，只要你通过不断地练习、实践，就一定能够在熟练当中得到技巧。

Highlights
我的今天

生活总是让我们遍体鳞伤,但到后来,那些受伤的地方一定会变成我们最强壮的地方。

欧内斯特·海明威

Ernest Hemingway,1899.7.21—1961.7.2 | 美国"迷失的一代"作家中的代表人物,1954 年获得诺贝尔文学奖,代表作品有《老人与海》。

History

历史上的今天

2009 年 12 月 31 日:迪士尼公司以 42.4 亿美元现金加股票的价格,收购漫威娱乐。

努力，让每一秒都过得有意义。

本月自我评价

本月最有成就感的事

1月 JANUARY

史蒂夫·乔布斯

你的时间有限,所以不要为别人而活。不要被教条所限,不要活在别人的观念里。不要让别人的意见左右内心的声音。最重要的是,勇敢地去追随自己的心灵和直觉,只有自己的心灵和直觉才知道你的真实想法,其他一切都是次要。

本月目标

本月计划

距我的高考仅 **157** 天

1月1日 ① 星期 ___

元旦

对于过去我无能为力,但我永远可以改变未来。

让-保罗·萨特

Jean-Paul Sartre,1905.6.21—1980.4.15 | 法国著名作家、存在主义哲学大师,1964年获诺贝尔文学奖,但他拒绝领奖,成为第一位拒绝领奖的诺贝尔奖得主,代表作品有《存在与虚无》。

History

历史上的今天

1981年1月1日:我国正式实行学位制度。

在新的一年,
写下三个新的愿望:

在新的一年,我希望:

在新的一年,我希望:

在新的一年,我希望:

不要等到世界末日,才想起珍惜一切。

周杰伦
1979.1.18— ｜流行音乐歌手、导演及音乐创作人。未成名之前,他为许多歌星写过歌,但很多都未被采用,一些作品甚至都没有被正眼看过。

History
历史上的今天
1912年1月2日:孙中山通令全国改用公历。

🎓 高效学习

状元学习法

2016 年广西理科状元覃煜鑫
（总分 708 分）

一是打好基础，把课本上的知识点理解和记熟；二是经常整理自己容易出错的题目，时不时重新做一遍；三是善于归纳，把同类题目、同类解题方法归纳起来，并定时回顾；四是在考场要仔细审题，紧张时停下来深呼吸几次，或先做容易的题目。

2016 年广西文科状元孟笛箫
（总分 680 分）

在课堂上认真听课，吃透课本上的内容再做题，然后带着问题去请教老师，经过自己的消化和总结后形成自己的思维模式，而不是单纯地背题、刷题。

Highlights
我的今天 ✏️

一个人不应该被困难吓倒,否则将一事无成。

安托万·拉瓦锡

Antoine Lavoisier, 1743.8.26—1794.5.8 | 法国化学家,提出了"元素"的定义,被后世尊称为"近代化学之父"。

History
历史上的今天

2004年1月3日:"勇气号"火星登陆探测器登陆火星。

名校速览

中国矿业大学

211院校　教育部直属　双一流建设高校

创办时间：1909 年
地理坐标：江苏徐州、北京
校 庆 日：6 月 1 日（徐州）；10 月 18 日（北京）
校　　训：开拓创新，严谨治学（徐州）
　　　　　明德至善，好学力行（北京）
一流学科：矿业工程、安全科学与工程

中国矿大（北京）

中国矿大（徐州）

中国矿业大学简称"中国矿大"，其前身是英国福公司创办的焦作路矿学堂。学校历经 14 次搬迁、12 次易名，被戏称为"中国最能流浪的大学"。1978 年学校在徐州重建，在北京设立北京研究生部；1997 年北京研究生部改设为中国矿业大学北京校区。2003 年中国矿业大学（北京校区）更名中国矿业大学（北京）独立办学。

Highlights
我的今天 ✏

1月4日 ④ 星期 ____

心中有了一定的主意,眼前便增多了光明;在光明中不会觉得寒冷。

老舍
1899.2.3—1966.8.24 | 著名作家,代表作品有《骆驼祥子》《四世同堂》等。

History
历史上的今天
1917 年 1 月 4 日:蔡元培赴北京大学正式就任校长一职。

✅ 一周计划

好的计划是成功的坚实基础。

计划	核查
计划完成的事项	☐ ☐ ☐ ☐ ☐ ☐ ☐
计划开启的事项	☐ ☐ ☐ ☐ ☐ ☐ ☐

距我的高考仅 **153** 天

1月5日 (5) 星期 ____

只要我还能划水,我就不肯被淹死;只要我还能站立,我就不肯倒下。

丹尼尔·笛福
Daniel Defoe,1660.9.13—1731.4.24 | 英国小说家,代表作品有《鲁滨孙漂流记》。

History
历史上的今天
2005 年 1 月 5 日:美国发现阋神星,这是人类已知的最大的矮行星。

 再苦也要笑一笑

学习的方法

 小伙子,等车都背单词啊。上高三吧?

嗯。只有100多天高考了,单词都记不住。

 当年我高三就没太紧张。越是时间紧,越要劳逸结合,在外面要放松心情,这样高考才能超常发挥……

哥,您读的哪所大学啊?

 我没考上呀……

Highlights
我的今天 ✏

光荣是享受练习,享受每一天,享受努力,成为比之前更好的选手。

拉斐尔·纳达尔
Rafael Nadal,1986.6.3— | 西班牙网球运动员,至 2020 年底已获得 20 个大满贯冠军,创纪录的法网男单冠军。

History
历史上的今天

1884 年 1 月 6 日:奥地利生物学家、现代遗传学奠基人孟德尔逝世。

🎓 高效学习

状元学习法

2017年云南省理科状元李星宏
（总分725分）

上课认真听讲，下课认真做作业，一般成绩都不会差。到了后期，大家水平都差不多的时候，就要注意心态，如果心态稳定，一样能考得好。

2017年云南省文科状元张诠
（总分696分）

文科重在积累，把平时学到、见到的知识积累起来，定期做总结，会让知识更加稳固；需要对做过的题进行归纳，总结每一类题目的做题规律，遇到相似题型能快速、全面地答出来。

Highlights
我的今天 ✏️

距我的高考仅

1 5 1 天

1月7日 7 星期____

我总有危机感在身，总觉得自己还做得不够好。

莱昂纳多·迪卡普里奥
Leonardo DiCaprio，1974.11.11— | 美国男演员，3次荣获金球奖影帝，陪跑"奥斯卡"22年最终如愿（第88届奥斯卡金像奖最佳男主角）。代表作品有《泰坦尼克号》。

History
历史上的今天
1972年1月7日：我国第一枚实用氢弹试验成功。

 名校速览

中国石油大学

`211 院校`　`教育部直属`　`双一流建设高校`

创办时间：1953 年
地理坐标：北京及新疆克拉玛依、山东青岛及东营
校 庆 日：10 月 1 日
校　　训：厚积薄发，开物成务（北京）
　　　　　惟真惟实（华东）
一流学科：地质资源与地质工程、石油与天然气工程

石大（北京）

石大（华东）

　　中国石油大学简称"石大"，其前身是 1953 年成立的新中国第一所石油高等学府：北京石油学院。1969 年，北京石油学院迁至山东东营。1988 年更名石油大学，形成山东、北京两地办学格局，包括石油大学（北京）和石油大学（华东）两部分。2005 年更名"中国石油大学"。

　　石大（北京）有两个校区，分别位于北京昌平区和新疆克拉玛依市。而石大（华东）也有两个校区，分别位于山东青岛和东营。

　　石大连续 23 年来毕业生就业率都保持在 90% 以上，2014 年石大成为教育部与五大能源企业集团公司共建高校，更保障了毕业生就业质量。毕业生一般都去了各大石化公司，所以学生们戏称石大是中国石油天然气集团公司子弟学校。

Highlights
我的今天 ✏

距我的高考仅

150 天

1月8日 ⑧ 星期____

生命有如铁砧，越被敲打，越能发出火花。

伽利略·伽利雷
Galileo Galilei，1564.2.15—1642.1.8 | 意大利物理学家、数学家，被誉为"现代科学之父"。

History
历史上的今天
1942 年 1 月 8 日：霍金出生，这一天正好是伽利略的 300 年忌日。

伽利略:"现代科学之父"

伽利略的父亲坚持让他去比萨大学学医。在学医时,伽利略注意到了摇摆的吊灯在风中画出大小不一的轨迹。与自己的脉搏对比后,伽利略发现不论吊灯摇摆的距离如何,它们的周期时长都是相同的。回家后,他架起了两个长度相同的摆,将其中一个摆晃动大一些,另一个小一些,结果发现它们的周期时长的确相同。

在学医期间,他刻意地回避数学,因为行医比教数学挣钱多,但一次无意中旁听了学校的几何课后,他改学了数学。1586年,他出版的小册子《小天平》中记录了他发明的液压秤。

1592年到1610年,他在帕多瓦大学执教几何、机

械和天文。这段时间,他在运动学、天文学、材料力学方面都有许多突破。

史蒂芬·霍金认为,伽利略对现代科学诞生的贡献"比其他人都多"。爱因斯坦称他为"现代科学之父"。第一个围绕木星公转的太空飞行器、欧盟的卫星定位系统,都是以伽利略的名字命名的。

Highlights
我的今天

1月9日　9　星期____

任何值得为之献身的东西，当然也值得为之活下去。

约瑟夫·海勒

Joseph Heller，1923.5.1—1999.12.12 | 美国犹太小说家、剧作家，"黑色幽默"的代表作家之一，代表作品有《第二十二条军规》。

History
历史上的今天
1979 年 1 月 9 日：我国恢复了研究生教育制度。

🎓 高效学习

状元学习法

2016年云南省理科状元沈铂涵
（总分713分）

> 我觉得高三学与考的心态很重要，平静面对挫折与困难，平静面对激动与兴奋。如果遇到了问题，就要及时和老师、家长、同学沟通，这样才能及时解决问题。

2016年云南省文科状元母昌程
（总分713分）

> 在有限的时间内，高度集中注意力，就可以节约很多时间。

Highlights
我的今天 ✏️

谁有历经千辛万苦的意志,谁就能达到任何目的。

米南德
Menander,前342—前291 | 古希腊新喜剧的杰出人物,代表作品有《古怪人》。

History
历史上的今天
1995 年 1 月 10 日:中国国家气象中心在北京成立。

▲ 对外经济贸易大学主楼诚信楼　　©颜邯

名校速览

对外经济贸易大学

211 院校　教育部直属　双一流建设高校

创办时间：1951 年
地理坐标：北京
校 庆 日：9 月第三个星期日
校　　训：博学，诚信，求索，笃行
一流学科：应用经济学

　　对外经济贸易大学简称"对外经贸大学"，与中央财经大学、上海财经大学并称"两财一贸"。

　　对外经贸大学的转专业政策非常宽松，可以在大一选择进入实验班，也可以选择转入语言类专业，在大二从大类分流到自己喜欢的专业。而且本科生在学习主修专业的同时，还可以选择辅修专业或双学位。

　　因为"财经＋外语"的复合型人才优势，对外经贸大学被誉为"中国最好就业大学之一"，而且对外经贸大学的出国深造比例连续几年位居全国第一。

Highlights
我的今天 ✏

距我的高考仅

147 天

1月11日 11 星期____

没有准备的人,就是在准备失败。

本杰明·富兰克林

Benjamin Franklin,1706.1.17—1790.4.17 | 美国著名政治家、科学家,美国《独立宣言》的起草人,现在 100 美元钞票上印有他的肖像。

History
历史上的今天
2011 年 1 月 11 日:我国歼-20 隐形战斗机首飞成功。

✓ 一周计划

好的计划是成功的坚实基础。

计划	核查
计划完成的事项	☐ ☐ ☐ ☐ ☐ ☐ ☐
计划开启的事项	☐ ☐ ☐ ☐ ☐ ☐ ☐

只有那些躺在坑里从不仰望高空的人,才不会再掉进坑里。

格奥尔格·黑格尔
Georg Hegel,1770.8.27—1831.11.14 | 德国哲学家,他影响了马克思、萨特等哲学家,代表作品有《精神现象学》。

History
历史上的今天
1980 年 1 月 12 日:我国科学工作者首次登上南极大陆。

 再苦也要笑一笑

担心大学生代考？想多了！

 不明白为什么大学在6月7号和8号不放假。

这有什么不明白的！

 你知道是为什么？

怕大学生去给高三的代考啊。

 那是老师们想多了，大学生哪还有水平给高三学生代考啊！

Highlights
我的今天 ✏

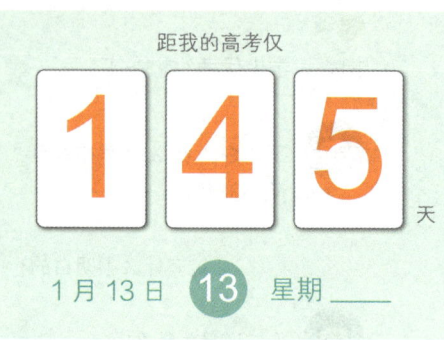

对于成功的坚信不疑时常会导致真正的成功。

西格蒙德·弗洛伊德

Sigmund Freud,1856.5.6—1939.9.23 | 奥地利犹太裔心理学家、精神分析学的创始人,被誉为"精神分析之父",代表作品有《梦的解析》。

History
历史上的今天

2021年1月13日:时任美国总统特朗普遭到美国众议院的第二次弹劾,成为美国历史上唯一一名被弹劾两次的总统。

高效学习
状元学习法

2018 年重庆市理科状元谢恩泽
（总分 706 分，数学满分）

学数学有三部曲：第一步把数学各种题型归纳分类，刷题练习；第二步总结数学方法；第三步提炼数学思想，指导自己做题。

2018 年重庆市文科状元项涵
（总分 659 分）

语文方面，对材料的理解很关键。闲暇时，我会尽可能多地阅读名著来扩大知识面，提高自己的理解能力。

Highlights
我的今天 ✏️

理想可以一步登天,现实只能摸着石头过河。

周有光
1906.1.13—2017.1.14 | 中国语言学家、文字学家、"汉语拼音之父",青年和中年时期主要从事经济、金融工作,后致力于我国的语文改革。

History
历史上的今天
2017 年 1 月 14 日:"汉语拼音之父"周有光去世,享年 112 岁。

 榜样力量

周有光：利用业余时间成为"汉语拼音之父"

17岁那年，周有光考上上海的圣约翰大学，这是一所教会学校，新生注册不但要写中文，还要写拼音，可当时并没有统一拼音，学校只好拿上海话来标注。入学两年后，上海发生"五卅惨案"，为抗诉日军暴行，他从圣约翰大学退学，改入光华大学（今华东师范大学前身）继续学习。

1937年，抗日战争全面爆发后，周有光带着全家逃难到四川，先在新华银行任职，后调入国民政府经济部，主管四川省合作金库。抗战胜利后，他回到新华银行工作，后被派驻纽约，在华尔街1号工作。经朋友介绍曾与爱因斯坦会面交谈过两次。其间，爱因斯坦对他说："人的差别在业余，一个人到60岁，除去吃饭睡觉工作，还有很多业余的时间，如果能够好好利用这些时间，完全可以在一门学科上有所建树。"于是他在工作之余，开始钻研语言学。

1955年，周恩来总理亲自点名让他速去北京，参加全国文字改革会议。在他加入之前，汉语拼音方案讨论了两三年，但一直没有进展。当时的文字改革会议提出了6个方案：4个民族字母方案、1个拉丁字母方案、1个斯拉夫字母方案。由于当时中苏关系良好，苏联便想中国用俄文斯拉夫字母，对此，周有光坚决反对，理由是斯拉夫字母国际并不通用，不利于以后长期应用与发展。毛主席本想采用民族字母方案，但读了周有光之前写的《字母的故事》一书后，拍板使用拉丁字母。随后三年，在周有光的带领下，最终创造了汉语拼音。

Highlights
我的今天

1月15日　15　星期____

在这里，所有的犹豫与迟疑都必须抛弃。

丹·布朗
Dan Brown，1964.6.22—　｜美国作家，他早期的小说平均销量只有1万册左右，后来他的《达·芬奇密码》全球销量超过6000万册。

History
历史上的今天
1951年1月15日：中国人民解放军军事学院宣布成立。

名校速览

北京邮电大学

`211 院校  教育部直属  双一流建设高校`

创办时间：1955 年
地理坐标：北京
校 庆 日：10 月 18 日
校　　训：厚德博学，敬业乐群
一流学科：信息与通信工程、计算机科学与技术

　　北京邮电大学简称"北邮"，是新中国第一所邮电高等学府，是信息科技人才的重要培养基地。北邮与电子科技大学、西安电子科技大学并称为"两电一邮"，是我国电子通信类大学中的顶尖大学。

　　北邮的毕业生非常抢手，就业率常年保持在 99% 以上。需要注意的是，报考这所名校的时候，一定要擦亮眼睛，千万不要把"中国邮电大学"当成了北京邮电大学。

Highlights
我的今天 ✏️

距我的高考仅

1 4 2 天

1月16日 (16) 星期 ____

一日一钱，千日千钱，绳锯木断，水滴石穿。

班固
32—92 | 东汉史学家，16岁进入太学学习，代表作品有《汉书》。

History
历史上的今天

1981年1月16日：我国第一座原子反应堆改建成功。

🎓 高效学习

状元学习法

2016年重庆市理科状元郑雅文
（总分720分，数学满分）

学习最主要的还是课上要跟上老师的节奏，课后多和老师交流，主动思考，甚至敢于提出质疑，这样对知识点的印象才更加深刻。

2016年重庆市文科状元唐何文嘉
（总分661分）

记笔记是一种很好的学习方法。对于文科生来说，把笔记本留出三分之一来作批注，更利于下一阶段的复习。留白的地方，可以写一写重要知识点，也可以把自己的答题思路、联想相关知识点都集中写在这里。

Highlights
我的今天 ✏️

距我的高考仅

1 4 1 天

1月17日　17　星期____

人生包括两部分：过去的是一场梦；未来的是一场希望。

纳撒尼尔·霍桑

Nathaniel Hawthorne，1804.7.4—1864.5.19 ｜ 美国小说家，代表作品有《红字》。

History
历史上的今天

1991年1月17日：以美国为首的多国部队向伊拉克发起大规模空袭，海湾战争爆发。

▲ 中国传媒大学图书馆　©祖国必然统一

名校速览

中国传媒大学

`211院校`　`教育部直属`　`双一流建设高校`

创办时间：1954 年
地理坐标：北京
校 庆 日：9 月 7 日
校　　训：立德，敬业，博学，竞先
一流学科：新闻传播学、戏剧与影视学

　　中国传媒大学简称"中传"，其前身是北京广播学院，通称"广院"，被誉为"中国广播电视及传媒人才的摇篮""信息传播领域知名学府"。在新闻传播类专业上，中传与人大并列第一。
　　中传的知名校友不胜枚举，白岩松、崔永元、欧阳夏丹、春妮、康辉……说不定在哪堂课或哪次校园活动中，就能看到他们。

Highlights
我的今天

距我的高考仅 **140** 天

1月18日 18 星期 ____

越是希望好好利用今后的时间，就越应当精打细算，好好安排。

勒内·笛卡尔
Rene Descartes，1596.3.31—1650.2.11 | 法国著名哲学家、数学家、物理学家，"解析几何之父"，西方现代哲学的奠基人。

History
历史上的今天

2005 年 1 月 18 日：韩国正式将首都汉城的中文名称定为首尔。

✅ 一周计划

好的计划是成功的坚实基础。

计划	核查
计划完成的事项	☐ ☐ ☐ ☐ ☐ ☐ ☐
计划开启的事项	☐ ☐ ☐ ☐ ☐ ☐ ☐

人生是海洋,希望是舵手的罗盘,使人们在暴风雨中不致迷失方向。

德尼·狄德罗
Denis Diderot,1713.10.5—1784.7.31 | 法国启蒙思想家、哲学家和作家,百科全书派的代表人物。

History
历史上的今天
1983年1月19日:苹果公司推出全球首款使用了图形用户界面的个人电脑。

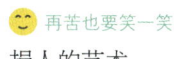 再苦也要笑一笑

损人的艺术

 你是大一的吧?

你怎么知道?

 看你皮肤啊!

没想到我皮肤这么好!其实我是大三的。

 看你皮肤,还以为刚军训完。

 ！！！

Highlights
我的今天 ✏️

如果将梦想作为信仰,不放弃地追求下去,一定会梦想成真的。

岸本齐史
1974.11.8— ｜日本漫画家。他经历了很多次的失败后,终于以一部《火影忍者》获得成功。

History
历史上的今天

1937 年 1 月 20 日:中国人民抗日军政大学(简称"抗大")在延安成立。

🎓 高效学习
状元学习法

2017 年福建省理科状元陈汜玄
（总分 692 分）

> 我平时没有做错题本的习惯，但每当有做错或忽略的地方，我会把问题提炼成一句话，记录下来，考试前翻一翻，当作是"平时的自己"与"考试的自己"的对话。

2017 年福建省文科状元温晋
（总分 643 分）

> 我在高中的每一次阶段考试中，都会将错题及时地与老师沟通、分析，能够清楚自己的短板在哪里，及时调整学习方向。

Highlights
我的今天 ✏️

活着就意味必须要做点什么，请好好努力。

村上春树
1949.1.12— ｜日本作家，代表作品有《挪威的森林》。

History
历史上的今天
1938年1月21日：中国电影制片厂成立，总部设在昆明。

🏛 名校速览

北京林业大学

`211 院校` `教育部直属` `双一流建设高校`

创办时间：1952 年
地理坐标：北京
校 庆 日：10 月 16 日
校　 训：知山知水，树木树人
一流学科：风景园林学、林学

　　北京林业大学简称"北林"，历史可追溯至 1902 年的京师大学堂农业科林学目，1952 年成立北京林学院，是当时北京著名的八大学院之一。

　　北林的校园内有一条著名的银杏大道，从南门一直延伸到北门，位于整个校园的正中央，每年深秋都吸引无数的摄影爱好者来此游览。

Highlights
我的今天 ✏

把你们的新生活变成一场冒险。不要满足于陈旧的老路,你们实现的奇迹会让你们自己感到惊讶。

马德琳·奥尔布赖特
Madeleine Albright,1937.5.15— | 捷克出生的美国政治家和外交官,美国首位女性国务卿。

History
历史上的今天
1997 年 1 月 22 日:奥尔布赖特成为美国历史上首位女性国务卿。

榜样力量

奥尔布赖特：美国首位女性国务卿

奥尔布赖特在战时的欧洲度过了童年和少年时代，20世纪50年代在美国嫁给一个有钱但缺乏同情心的丈夫。她在家中照看3个孩子的同时，还刻苦攻读哥伦比亚大学的国际关系博士学位。为此，她每天凌晨4点半就得起床读书。

奥尔布赖特曾经有一个很完整的生活，一个由父母爱心所编织的安全屏障，一段温馨舒适富有节奏感的婚姻生活，也曾经有过养育孩子的欢乐与麻烦，产下死胎时痛入骨髓的悲伤，因父母去世而感到的那种空虚，离异的痛苦和愤怒，这一切的一切，她全都了解。

正是感情上的挫折才使她满怀强烈的抱负，激励她进入了美国政府的最高层。最终，这位捷克出生的女孩，成为美国第64任国务卿，也创造历史地成为美国首位女性国务卿。

Highlights
我的今天

距我的高考仅

135 天

1月23日　23　星期＿＿＿

任何倏忽的灵感,事实上不能代替长期的功夫。

奥古斯特·罗丹
Auguste Rodin,1840.11.12—1917.11.17 | 法国雕塑家,代表作品有《沉思者》。

History
历史上的今天

1957 年 1 月 23 日：世界上第一台醉酒呼吸分析仪首次在瑞典投入使用。

 高效学习

状元学习法

2016年贵州省理科状元周炜迪
（总分707分）

英语就靠平日多积累，多练习，多实践。英语使用得越多，感觉就越好。平常可以听听英语广播，和同学之间练习用英语对话，也可以自言自语，还可以尝试一些简单的英语兴趣写作，比如日记等等。

2016年贵州省文科状元林中文
（总分704分）

用文综来举例子，地理答题应该做到序号化、简明化，一个题有两个问最好就出现两个序号，能用主谓短语表达就不要累赘。我们常常笑称地理答题为"五字经"，比如"昼夜温差大，利于糖分积累"，一个原因加上一个结果就可以清楚表达。政治答题更多地强调主体的作用，不同主体的影响和措施应该分段作答。

Highlights
我的今天 ✏

1月24日 24 星期 ____

国际教育日

人生里有价值的事,并不是人生的美丽,却是人生的酸苦。

托马斯·哈代

Thomas Hardy,1840.6.2—1928.1.11 | 英国作家,代表作品有《德伯家的苔丝》《无名的裘德》。

History
历史上的今天

1992 年 1 月 24 日:我国与以色列建立大使级外交关系。

▲ 北化印象　© 北化宣传部

名校速览

北京化工大学

`211 院校　教育部直属　双一流建设高校`

创办时间：1958 年
地理坐标：北京
校 庆 日：9 月 15 日
校　　训：宏德博学，化育天工
一流学科：化学工程与技术

　　北京化工大学简称"北化"，原名北京化工学院，是新中国为"培养尖端科学技术所需求的高级化工人才"而创建的一所高水平大学。2001 年以来，北化已有 27 个科研项目获得国家科技三大奖。

　　北化在开学后通过考试就可以转专业，期末专业成绩优秀的同学也有机会申请转专业。而且北化新校区在清静的六环以外，真的非常适合专心学习。近年北化的本科毕业生就业率较高。选择了它，你不用太担心毕业就失业的问题。

Highlights
我的今天 ✏

距我的高考仅

1 3 3 天

1月25日 25 星期 ____

好好忍耐,不要沮丧,如果春天要来,大地会使它一点一点地完成。

莱纳·里尔克
Rainer Rilke,1875.12.4—1926.12.29 | 奥地利诗人,20世纪最伟大的德语诗人,代表作品有《祈祷书》《新诗集》等。

History
历史上的今天

2008年1月25日:湖南遭遇50年一遇的冰灾。

✅ 一周计划

好的计划是成功的坚实基础。

计划	核查
计划完成的事项	☐ ☐ ☐ ☐ ☐ ☐ ☐
计划开启的事项	☐ ☐ ☐ ☐ ☐ ☐ ☐

距我的高考仅
1 3 2 天
1月26日 (26) 星期____

国际海关日

我们不需要魔法来改变世界，我们已经在内心拥有了足够的力量：那就是把世界想象成更好的力量。

J.K. 罗琳
J. K. Rowling，1965.7.31— ｜英国著名奇幻小说家，代表作品有《哈利·波特》系列。

History
历史上的今天
1841年1月26日：英国派兵强行占领香港岛。

 再苦也要笑一笑

你连自己都骗

 这人好帅啊。

谁?

 看啊。镜子里面这人。

妈呀,你这种人也太狠了,你连自己都骗。

Highlights
我的今天 ✏

任何一件事情,只要心甘情愿,总是能够变得简单。

林徽因
1904.6.10—1955.4.1 | 著名建筑师、诗人、作家,人民英雄纪念碑和中国国徽深化方案的设计者之一,代表作品有《你是人间的四月天》等。

History
历史上的今天
1964年1月27日:中法建交,法国成为西方大国中第一个同我国正式建立大使级外交关系的国家。

🎓 高效学习
状元学习法

2018 年辽宁省理科状元王天嗣
（总分 710 分）

最重要的是要充分利用课堂时间，课堂上与老师积极沟通交流，提高课堂效率。学会根据不同类型的题型，予以总结，多反思。

2018 年辽宁省文科状元史天乐
（总分 666 分）

做题的时候不要贪多，要精选精做。每做一道题要分析和归纳解题的突破口和关键步骤，并尝试着改变该题的条件和结论，从而掌握这一整个类型的题目。

Highlights
我的今天 ✏️

青春的力量无可压抑,即使是地狱也能变成天堂。

余秋雨
1946.8.23— ｜知名作家,代表作品有《文化苦旅》等。

History
历史上的今天
1956 年 1 月 28 日:我国通过《简化字总表》,开始推行简体汉字。

 名校速览

华北电力大学

211 院校　教育部直属　双一流建设高校

创办时间：1958 年
地理坐标：北京、河北保定
校 庆 日：10 月最后一个周末
校　　训：团结，勤奋，求实，创新
一流学科：电气工程

　　华北电力大学简称"华电"，被誉为"电力黄埔"，在电力行业的认可度和好评度非常高。

　　华电有北京、保定两个校区，北京校区的主楼据称是亚洲第一的连体教学楼，非常气派，奥巴马看到时都感叹其壮观。

　　国家电网等 12 家特大型电力集团和中国电力企业联合会都是华电理事会成员，很多电力相关专业的毕业生都去了这些大型企业。

Highlights
我的今天 ✏

他们先是无视你,再是嘲笑你,接着他们与你战斗,最后你赢了。

莫汉达斯·甘地

Mohandas Gandhi,1869.10.2—1948.1.30 | 印度民族运动领袖。他带领印度走向独立,摆脱英国的殖民统治,被尊称为"圣雄"。他的非暴力思想影响了世界。

History
历史上的今天

1886 年 1 月 29 日:德国人卡尔·本茨和戈特利布·戴姆勒获得世界上第一辆汽车的专利权,标志着世界上第一辆汽车诞生。

榜样力量

费米：差点被要求测智商的科学家

1938年，在瑞典首都斯德哥尔摩，一位意大利青年来到美国驻瑞典大使馆，提出移民美国的要求。由于英语表达不流利，使馆办事官员这样对他说："我们美国不接受智力不健全的人，您和您的家人必须先来使馆测试智力我们才能决定。"

没有办法，第二天这位青年只好带全家前往美国大使馆进行测试。可是他没想到的是，美国大使出来迎接他，因为大使已经了解到这位青年是什么人了。他就是意大利著名物理学家费米，刚刚在瑞典首都斯德哥尔摩领取了诺贝尔物理学奖。

原来，费米带着全家前来领奖，领奖后正准备办手续回国，意大利使馆的好心人悄悄对他说："您的夫人是犹太人，您难道还要回去等着受迫害不成？为什么不想想别的办法呢？"费米立即采纳了这一建议，这才有了美国大使馆的那一幕。

到了美国之后，费米继续致力于原子核裂变和链式反应的研究，并设计出世界上第一座原子反应堆。他的名字被用来命名元素周期表中第100号元素：镄（Fm）。

费米先后培养出了6名诺贝尔奖获得者，其中有李政道和杨振宁。

Highlights
我的今天

距我的高考仅

128 天

1月30日 30 星期 ____

你只要不放弃,你就可以比和你同时上车的人坚持得更久。

哈里森·福特
Harrison Ford,1942.7.13— | 美国著名演员,最著名的角色包括《星球大战》中的汉·索罗船长和《夺宝奇兵》系列中的印第安纳·琼斯。

History
历史上的今天
1946 年 1 月 30 日:联合国大会在伦敦召开首次会议。

🎓 高效学习

状元学习法

2016年辽宁省理科状元邵梦玥
（总分706分）

错题本不能简单地将做错的题整理在上面就行，而应该在认真分析错误原因，深入理解后，在整理错题的同时，将自己的思路和想法，甚至是心情也适当记录，这样有助于再次翻看错题本时，给自己更高效的帮助。

2016年辽宁省文科状元周子祺
（总分637分）

住校可以在晚自习后回寝室和同学一起学习、探讨问题、互相讲解，对我的学习促进很大。同学的帮助和在学校能约束我，让我能够更投入地学习，所以我觉得，住校对我的学习很有促进作用。

Highlights
我的今天 ✏️

大雨可以延迟我们到达的时间，但不能阻止我们前进。

让-雅克·卢梭
Jean-Jacques Rousseau，1712.6.28—1778.7.2 ｜ 法国启蒙思想家、哲学家、文学家，代表作品有《忏悔录》。

History
历史上的今天

1870 年 1 月 31 日：美国最大的艺术博物馆——大都会艺术博物馆建成。

本月小结
努力,让每一秒都过得有意义。

2月 FEBRUARY

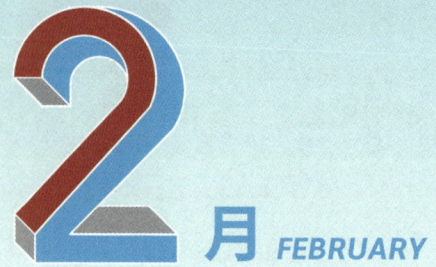

路德维希·贝多芬

涓滴之水终可磨损大石，不是由于它力量强大，而是由于昼夜不舍的滴坠。只有勤奋不懈地努力，才能够获得那些技巧。

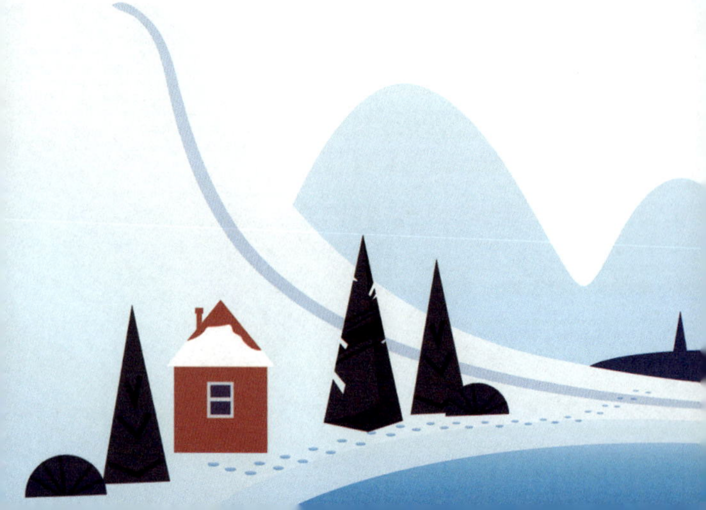

本月目标

本月计划

我们还要继续奋斗,让一切都见鬼去吧!

屠格涅夫

Turgenev,1818.11.9—1883.9.3 | 俄国小说家、诗人和剧作家,代表作品有《猎人笔记》。

History

历史上的今天

1988年2月1日:电视连续剧《西游记》全集(25集)播出。

✅ 一周计划

好的计划是成功的坚实基础。

计划	核查
计划完成的事项	☐ ☐ ☐ ☐ ☐ ☐ ☐
计划开启的事项	☐ ☐ ☐ ☐ ☐ ☐ ☐

世界湿地日

回首过去觉得自傲,瞻望未来则充满信心。

特奥多尔·蒙森
Theodor Mommsen,1817.11.30—1903.11.1 | 德国历史学家、作家,1902 年诺贝尔文学奖获得者,代表作品有《罗马史》。

History
历史上的今天
1920 年 2 月 2 日:胡适启用新式标点符号。

 再苦也要笑一笑

这篇论文应该得 A

 导师:你这篇论文是抄袭的吧?

学生:下次不敢了,您就饶了我这次吧。

 导师:这篇论文是我以前写的。

学生:啊?!对不起,老师……

 导师:不过,我还是决定给你 A。

学生:谢谢老师,可这是为什么?

 导师:当年我的导师只给了我 C,可我一直认为这篇论文应该得 A。

Highlights
我的今天

距我的高考仅

124 天

2月3日 3 星期____

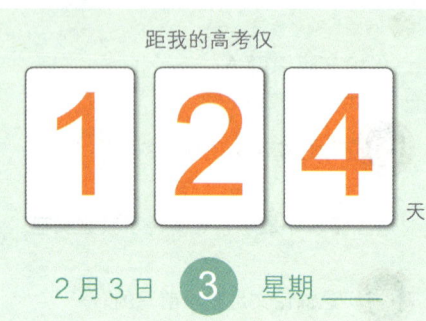

真正的发现之旅，不在于寻找新的景观，而在于拥有新的眼光。

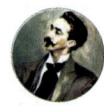

马赛尔·普鲁斯特

Marcel Proust，1871.7.10—1922.11.18 | 法国意识流作家，代表作品有《追忆似水年华》。

History

历史上的今天

1994年2月3日：《国务院关于职工工作时间的规定》发布，规定我国实行8小时工作制。

状元学习法

2017年海南省理科状元邢晓彦
（总分939分）

一般我只会花一些零散的时间去学习长项。而对于不太擅长的化学，则保持着反思和总结的习惯，在考试后及时反省，找到自己的薄弱点，对症下药。

2017年海南省文科状元李超富
（总分930分）

对于语文：熟悉课本内容，遇到不懂的语句可以进行翻译，多听老师的讲解，并及时复习。作文一项，平时的阅读、积累很重要，看到不错的句子就抄录下来。
对于数学：做完一定要总结，我一般都要花一个小时总结。数学主张创造性思维，一定要先尝试自己去解决难题。
对于英语：学习英语要根据自己的兴趣入手，那样会事半功倍。

Highlights
我的今天

距我的高考仅 **123** 天

2月4日 ④ 星期____

世界癌症日

尽管蛋壳曾是鸟的整个世界,但要获得新生,就必须打破过去的世界。

赫尔曼·黑塞
Hermann Hesse,1877.7.2—1962.8.9 | 德国诗人、小说家,1946 年获得诺贝尔文学奖,代表作品有《荒原狼》《玻璃球游戏》。

History
历史上的今天
1994 年 2 月 4 日:我国实现纳米技术的突破。

🏫 名校速览
北京科技大学

211院校　教育部直属　双一流建设高校

创办时间：1952 年
地理坐标：北京
校 庆 日：4 月 22 日
校　　训：求实鼎新
一流学科：科学技术史、材料科学与工程、冶金工程、矿业工程

北京科技大学简称"北科大"，其历史可追溯至 1895 年北洋西学学堂创办的中国近代史上第一个矿冶学科，1952 年由天津大学、清华大学等 6 所国内著名大学的矿冶系科组建而成，是新中国建立的第一所钢铁工业高等学府。

北科大图书馆南侧有一条银杏大道，曾被多部电视剧、MV 选为外景拍摄地。一到深秋，校园就美成了童话世界。

除了银杏，北科大校园里还有大量的柿子树。学校每年举办柿子文化节，全校师生都可以一起赏柿、品柿。

Highlights
我的今天 🖉

距我的高考仅

1 2 2 天

2月5日　5　星期＿＿＿

只要你保持谦卑和脚踏实地，再激烈的比赛还是挺容易的。

扬尼斯·阿德托昆博

Giannis Antetokounmpo，1994.12.6—　｜尼日利亚裔希腊籍篮球球员，绰号为"希腊怪物"，现效力于 NBA 的密尔沃基雄鹿队。

History

历史上的今天

1957 年 2 月 5 日：中央实验歌剧院在北京上演了古典歌剧《茶花女》，这是西方古典名剧第一次全本在我国公演。

 **榜样力量**

字母哥：希腊街头小贩进化为 NBA 巨星

扬尼斯·阿德托昆博因为名字的字母繁多很难拼写，被众多喜欢他的球迷称为"字母哥"。

字母哥的父母都是尼日利亚人，因为尼日利亚太难找到工作，所以他们全家移民希腊。为了维持生计，字母哥几兄弟也不得不都到街上去卖太阳镜、帽子和钱包等物品。

字母哥打篮球的初衷是他想跟哥哥们一起，而且他也想成为二哥一样的人，他开始打篮球的时候是13岁。2007年教练发现了字母哥，虽然当时字母哥的技术并不突出，但出色的身体素质让人不能拒绝。

如今，这位昔日的希腊街头小贩，已经是雄鹿队的绝对核心，2019年首次成为全明星的队长。

▲ 字母哥暴扣　　©Erik Drost

Highlights
我的今天 ✏

心，我的心，不要悲哀，你要忍受命运的安排，冬天夺去的，春天会交还给你。

海因里希·海涅

Heinrich Heine，1797.12.13—1856.2.17 | 德国诗人，被称为"德国古典文学的最后一位代表"，代表作品有《乘着歌声的翅膀》。

History
历史上的今天
1998年2月6日：国家教委决定实施素质教育，减轻中小学生过重的课业负担。

🎓 高效学习

状元学习法

2016 年海南省理科状元云雯
（总分 939 分）

> 我的学习方法就是理解、思考。看一遍就有一次收获，理解、思考的时候，突然就会想明白了以前不懂的地方，很好玩，但有的知识我最少要看三四遍。

2016 年海南省文科状元宋远航
（总分 931 分）

> 遇到不懂的问题，要及时向老师请教，根据个人的兴趣、爱好等实际情况，做好学习规划，同时，进行精细化管理。

Highlights
我的今天 ✏️

物不经锻炼,终难成器;人不得切琢,终不成人。

李贽
1527.11.23—1602.5.7 | 明代思想家、史学家和文学家,著作有《焚书》《续焚书》《藏书》。

History
历史上的今天
1961年2月7日:中央决定减少全国大、中、小学的招生数量,腾出力量加强农业建设。

名校速览

北京体育大学

211 院校　国家体育总局直属　双一流建设高校

创办时间：1953 年
地理坐标：北京
校 庆 日：11 月 1 日
校　　训：追求卓越
一流学科：体育学

　　北京体育大学简称"北体大"，是全国体育领域唯一的 211 工程院校，也是国内体育的最高学府。

　　北体大有"亚洲第一青年疗养院"之美誉，校园环境胜于花园，学习氛围轻松，高端运动设施齐全，运动场馆一应俱全。

　　罗雪娟、张怡宁、吴京、赵文卓等都是北体大的校友。

Highlights
我的今天

我喜欢有一个目标，感觉好像我有任务在身，我喜欢试图超越我已经达到的事。

泰勒·斯威夫特
Taylor Swift，1989.12.13— ｜美国乡村及流行乐歌手，在2015年《福布斯》杂志最具影响力女性排名中，她名列第65，是榜上最年轻的入选者。

History
历史上的今天
1999年2月8日：中国少年科学院成立。

✓ 一周计划

好的计划是成功的坚实基础。

计划	核查
计划完成的事项	☐ ☐ ☐ ☐ ☐ ☐ ☐
计划开启的事项	☐ ☐ ☐ ☐ ☐ ☐ ☐

距我的高考仅 **118** 天

2月9日 ⑨ 星期____

时间就像海绵里的水，只要愿挤，总还是有的。

鲁迅
1881.9.25—1936.10.19 | 著名文学家、思想家，中国现代文学的奠基人，北京大学校徽的设计者。

History
历史上的今天

1998年2月9日：首届"鲁迅文学奖"评选揭晓。

 再苦也要笑一笑

作弊的风险

期末考试只有半个小时结束时,坐后面的死党开始踢前排的凳子,想要数学答案。

就在这时,巴掌大一块天花板水泥正好掉在他桌子上,很大的动静,全班都吓了一跳。

死党埋头答题,出了教室后说:"太可怕了,刚有了一点点作弊的想法就遭天谴了。"

Highlights
我的今天

2月10日 10 星期____

国际气象节

我看到那些岁月如何奔驰,挺过了冬季,便迎来了春天。

亨利·梭罗
Henry Thoreau,1817.7.12—1862.5.6 | 美国著名哲学家及作家,代表作品有《瓦尔登湖》。

History
历史上的今天
1907年2月10日:我国勘定第一口油井。

🎓 高效学习
状元学习法

2018 年天津市理科状元周言
（总分 712 分）

错题本、积累本、计划表这三样东西很重要。计划表是自己对一天的学习的简单规划，一般尽量按照既定计划去完成；而错题本的作用不仅仅在于记录错题，更是警醒自己，从中归纳出一个模型；积累本则主要用于语文、英语的素材积累。

2018 年天津市文科状元刘心悦
（总分 701 分）

我强烈建议同学们要格外重视做题后的反思总结。错了的题要分析错因，提醒自己下次注意什么样的陷阱；拿不准的题也不要放过，做完了一起思考，因为对你来说，这很有可能是一个潜在的雷区。

Highlights
我的今天 ✏️

我学习了一生,现在我还在学习,而将来,只要我还有精力,我还要学习下去。

维萨里昂·别林斯基
Vissarion Belinsky, 1811.6.11—1848.6.7 | 俄国思想家、文学评论家。

History
历史上的今天

1958年2月11日:第一届全国人大第五次会议批准颁布《汉语拼音方案》。

🏫 名校速览

北京交通大学

`211 院校`　`教育部直属`　`双一流建设高校`

创办时间：1896 年
地理坐标：北京
校 庆 日：9 月 10 日
校　　训：知行
一流学科：系统科学

　　北京交通大学简称"北京交大"，其前身是清政府创办的北京铁路管理传习所，这是我国第一所专门培养管理人才的高等学校，也是我国近代铁路管理、电信教育的发源地。

　　北京交大曾培养出我国第一个无线电台创建人刘瀚、第一台大功率蒸汽机设计者应尚才、第一本铁路运输专著作者金士宣、我国铁路运输经济学科的开创者许靖、我国最早的四大会计师之一杨汝梅，以及文学评论家郑振铎等杰出人才。

Highlights
我的今天 ✏️

距我的高考仅

115 天

2月12日 (12) 星期____

人须有自信之能力，当从自己良心上认定是非，不可以众人之是非为从违。

章太炎
1869.1.12—1936.6.14 ｜ 思想家、史学家，鲁迅、钱玄同、陈寅恪等为其学生。

History
历史上的今天
2001年2月12日：科学家首次公布人类基因组图谱。

 榜样力量

章太炎：今日青年之弱点（节选）

现在青年第一弱点，就是把事情太看容易，其结果不是侥幸，便是退却。因为大凡做一件事情，在起初的时候，很不容易区别谁为杰出之士，必须历练许多困难，经过相当时间，然后才显得出谁为人才，其所造就方才可靠。近来一般人士皆把事情看得容易，亦有时凑巧居然侥幸成功。他们成功既是侥幸得来，因之他们凡事皆想侥幸成功。但是天下事哪有许多侥幸呢？于是乎一遇困难，即刻退却。所以近来人物一时侥幸成功，则誉满天下；一时遇着困难废然而返，则毁谤丛集。譬如辛亥革命侥幸成功，为时太速，所以当时革命诸人多半未经历练，真才不易显出。诸君须知凡侥幸成功之事，便显不出谁是勇敢，谁是退却，因之杂乱无章，遂无首领之可言。假使当时革命能延长时间三年，清廷奋力抵抗，革命诸人由那艰难困苦中历练出来，既无昔日之侥幸成功，何至于有今日之纷纷退却。又如孙中山之为人，私德尚好，就是把事情看得太容易，实是他的最大弱点。现在青年只有将这个弱点痛改，遇事宜慎重，决机宜敏速，抱志既极坚确，观察又极明了，则无所谓侥幸退却，只有百折千回以达吾人最终之目的而已。

Highlights
我的今天 ✏

不飞则已,一飞冲天;不鸣则已,一鸣惊人。

司马迁
前145—不可考 | 西汉时期著名的史学家和文学家,代表作品有《史记》。

History
历史上的今天

2004年2月13日:哈佛大学天文学家发现位于半人马座的白矮星BPM 37093,其核心是一颗直径达4000千米的钻石。

🎓 高效学习

状元学习法

2016 年天津市理科状元孟令岫
（总分 707 分）

如果一道题不会，我会想方设法把它弄懂。我有个错题本，上面都是我做错的题，我时不时要看看这些题。

2016 年天津市文科状元马宁妍
（总分 693 分）

第一就是把握好课堂，这样才能事半功倍；第二是不大量刷题，跟着老师走，老师的经验都很丰富，相信老师就很稳妥；第三是学文科很重要的是懂得反思、懂得去体会，而且需要花大量时间去巩固基础知识，去背诵。

Highlights
我的今天 ✏️

2月14日 14 星期____

情人节

你不愿意种花,你说,我不愿看见它一点点凋落。是的,为了避免结束,你避免了一切开始。

顾城
1956.9.24—1993.10.8 | 当代诗人,朦胧诗派主要代表人物,"黑夜给了我黑色的眼睛／我却用它寻找光明"为其经典名句。

History
历史上的今天
1946年2月14日:世界上第一台电脑在美国宾夕法尼亚大学诞生。

 名校速览

北京中医药大学

`211 院校  教育部直属  双一流建设高校`

创办时间：1956 年
地理坐标：北京
校 庆 日：9 月 3 日
校　　训：勤求博采，厚德济生
一流学科：中医学、中西医结合、中药学

　　北京中医药大学简称"北中医"，其前身为北京中医学院，这是国务院批准最早创办的高等中医药院校，1960 年被确定为 5 所全国重点医学院校之一，在我国中医药大学类排行首位。

　　真心喜欢学习中医的同学，来北中医错不了。

Highlights
我的今天

有所成就的人,都从最重要的事情做起。而且,一次只做一件事情。

彼得·德鲁克
Peter Drucker,1909.11.19—2005.11.11 | 美国企业管理学家,被誉为"现代管理学之父"。

History
历史上的今天

1994年2月15日:联合国教科文组织首次指出,贫富差距就是知识差距。

✓ 一周计划

好的计划是成功的坚实基础。

计划	核查
计划完成的事项	☐ ☐ ☐ ☐ ☐ ☐ ☐
计划开启的事项	☐ ☐ ☐ ☐ ☐ ☐ ☐

人间没有永恒的夜晚，世界没有永恒的冬天。

艾青
1910.3.27—1996.5.5 | 现代诗的代表诗人之一，代表作品有《北方》《大堰河》。

History
历史上的今天
1930年2月16日：中国工农红军有了第一架飞机"列宁号"。

😊 再苦也要笑一笑

非专业性理解

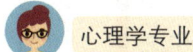 心理学专业

猜猜现在我心里在想什么？

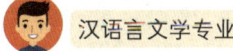 汉语言文学专业

语文还用上大学去学吗？

 医学专业

可是……网上说……

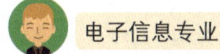 电子信息专业

帮我重装一下电脑的系统啊！

 学前教育专业

带个孩子还要学什么？

 艺术专业

你高中是不是没好好读书？

Highlights
我的今天 ✏️

年轻人,我们要鼓足勇气!不论现在有人要怎样与我们为难,我们的前途一定美好。

维克多·雨果
Victor Hugo,1802.2.26—1885.5.22 | 法国浪漫主义文学运动领袖,代表作品有《巴黎圣母院》《悲惨世界》等。他还创作了 4000 多幅画,积极参与废除死刑。

History
历史上的今天
1979 年 2 月 17 日:我国对越自卫反击战开始。

🎓 高效学习

状元学习法

2018 年四川省理科状元周川
（总分 718 分）

语文考试：选择题要做好，主观题答题要有条理，作文是大头，要凸显出一定的思想和深度；最重要的是字迹一定要工整。

理综考试：要合理地分配时间，根据自身情况，选择最符合自己思维逻辑的答题顺序；生物考的基础知识比较多，所以一定要重视教材。

2018 年四川省文科状元卓汐聪
（总分 653 分，数学满分）

很多数学较弱的文科生都想通过刷题来提高成绩，但你一定要知道自己想从刷题中得到什么，要知道刷题的定位是为了提高熟练度，而不是为了押题。另外，要用错题本进行总结，知道自己错在什么地方，才会有相应的提高。

Highlights
我的今天 ✏️

距我的高考仅

109 天

2月18日　18　星期＿＿

青年的朝气倘已消失，前进不已的好奇心已衰退以后，人生就没有意义。

约翰·穆勒

John Mill，1806.5.20—1873.5.8 ｜ 英国著名哲学家、经济学家，代表作品有《论自由》。

History
历史上的今天

1992年2月18日：欧洲电子同步加速器首次试验成功。

▲ 上海外国语大学教学楼

名校速览

上海外国语大学

`211 院校  教育部直属  双一流建设高校`

创办时间：1949 年
地理坐标：上海
校 庆 日：12 月 29 日
校　　训：格高志远，学贯中外
一流学科：外国语言文学

  上海外国语大学简称"上外"，是新中国成立后兴办的第一所高等外语学府，是国际高校翻译学院联合会亚太工作组所在地。上外拥有亚洲首屈一指的高级翻译学院，获国际会议口译员协会全球最高评级，是我国唯一一位列世界15强的专业会议口译办学机构。

  翻译家夏平、法语翻译家徐仲年、俄语翻译家王季愚、西班牙语翻译家黄锦炎等许多著名的翻译家都是上外的校友。

Highlights
我的今天 ✏

不管别人的嘲弄,只要默默地坚持到底,换来的就是别人的羡慕。

松下幸之助
1894.11.27—1989.4.27 | 日本松下电器创始人,他奠定了日本的企业精神,被称为"经营之神"。

History
历史上的今天

1986年2月19日:苏联"和平号"空间站发射升空,这是人类首个可以进行长期研究工作的空间站。

 榜样力量

松下幸之助:被拒绝不是放弃的理由

松下幸之助小时候家境贫寒,为了养家糊口,他去一家公司求职。公司的人事部门主管见他矮小瘦弱,穿得又破又脏,于是谢绝了他:"我们现在暂时不缺人,你一个月以后再来看看吧。"

一个月后他真的来了,那位负责人又推托说有事,过几天再说。几天后他又来了,如此反复了多次,主管只好直接说出了真话:"你这么脏是进不了我们公司的。"

他回去立即借钱买了一身整齐的衣服穿上再来。

负责人看他如此实在,只好告诉他:"关于电器方面的知识,你知道得太少了,我们不能要你。"

两个月后,他又来了:"我已经学会了不少有关电器方面的知识,您看我哪方面还有差距,我一项项弥补。"

这位人事主管说:"我干这一行几十年了,还从未遇到像你这样来找工作的。我真佩服你的耐心和韧性。"

他的毅力终于打动了这位人事主管的心,最终他如愿以偿地进入了那家公司工作。

Highlights
我的今天

距我的高考仅 **107** 天

2月20日 20 星期____

世界社会公正日

我只愿面朝大海，春暖花开。

海子

1964.3.24—1989.3.26 | 原名查海生，当代诗人，15岁时考入北京大学法律专业，代表作品有《麦地》《以梦为马》等。

History
历史上的今天
1992年2月20日：英国英格兰足球超级联赛创立。

🎓 高效学习

状元学习法

2017 年安徽省理科状元申奥
（总分 706 分）

不学习的时候可以睡觉、看小说，不睡觉不看小说又不学习的时候你就背单词，相信我，每天背 100 个单词，只要你背下去一定会上瘾的！

2017 年安徽省文科状元潘宇昂
（总分 662 分）

对于不会做的题，我首先看答案。如果看了答案还不能理解，就去和同学讨论；如果讨论之后还是不明白，就一起去问老师。

Highlights
我的今天 ✏️

成功的奥秘在于多动手,成功的真正秘诀是兴趣。

杨振宁

1922.10.1— | 著名物理学家,1957 年获诺贝尔物理学奖。他推动设立了南开大学数学所理论物理研究室、清华大学高等研究中心等研究机构。

History
历史上的今天

2017 年 2 月 21 日:著名科学家杨振宁、姚期智由中科院外籍院士转为中科院院士。

🏛 名校速览

华东理工大学

211院校　教育部直属　双一流建设高校

创办时间：1952 年
地理坐标：上海
校 庆 日：10 月 25 日
校　　训：勤奋求实，励志明德
一流学科：化学、材料科学与工程、化学工程与技术

　　华东理工大学简称"华理"，1952年由交通大学(上海)、震旦大学（上海）、大同大学（上海）、东吴大学（苏州）、江南大学（无锡）等校化工系合并组建而成，是新中国第一所以化工特色闻名的高等学府。

　　华理的校园特色节日众多，其中体育节、文化艺术节、思想学术节是华理最富传统、最重要的三大节日。

Highlights
我的今天 ✏

距我的高考仅 **105** 天
2月22日 22 星期____

理想犹如天上的星星,我们犹如水手,虽不能到达天上,但是我们的航程可凭它指引。

霍华德·舒尔茨
Howard Schultz, 1953.7.19— ｜美国犹太企业家,曾担任星巴克咖啡的执行董事长和首席执行官。

History
历史上的今天
1956年2月22日:杨振宁和李政道共同发表文章,提出宇称不守恒定律。

✓ 一周计划

好的计划是成功的坚实基础。

计划	核查
计划完成的事项	☐ ☐ ☐ ☐ ☐ ☐
计划开启的事项	☐ ☐ ☐ ☐ ☐ ☐

假如你避免不了,就得去忍受。不能忍受生命中注定要忍受的事情,就是软弱和愚蠢的表现。

夏洛蒂·勃朗特
Charlotte Bronte,1816.4.21—1855.3.31 | 英国作家、诗人,代表作品有《简·爱》。

History
历史上的今天
2017 年 2 月 23 日:姚明全票当选中国篮球协会主席。

 再苦也要笑一笑

外貌和智慧

　　一位著名女舞蹈家给萧伯纳写了一封信,信中建议:如果让他俩结婚,那将对后代和优生学都是件好事。她说:"将来生个孩子有你那样的智慧和我这样的外貌,该有多么美妙!"

　　萧伯纳回信道:"那个孩子如果像我这样的外貌和你那样的智慧,就糟透了。"

Highlights
我的今天

与其不透彻地理解许多事,不如理解的事不多,但都能彻底。

阿纳托尔·法朗士
Anatole France,1844.4.16—1924.10.12 | 法国小说家,1921 年诺贝尔文学奖获得者,代表作品有《企鹅岛》《波纳尔之罪》。

History
历史上的今天
2003 年 2 月 24 日:首届国家奖学金颁发,4.5 万名大学生受惠。

高效学习
状元学习法

2017 年吉林省理科状元曹宇涵
（总分 712 分）

我不贪黑起早，而是把学习当作自己的兴趣所在；学习需要方法，其实提高课堂效率就可以了。在课堂上，哪怕是已经会的知识，我也不敢忽视。

2017 年吉林省文科状元裴海彤
（总分 679 分）

要把更多的时间花在理清书本的知识架构、思考题目解答的思路上。复习历史时，可做大量的选择题，根据题目和各项答案回归课本，复习记忆内容并完善细节；训练文综大题的答题思路时，可对着答案看题目，在脑中分门别类，理清思路。

Highlights
我的今天

2月25日 25 星期 ____

命运总是在无人理睬时，才显出其本色。

弗拉基米尔·纳博科夫
Vladimir Nabokov，1899.4.22—1977.7.2 | 俄裔美国作家、文体家、批评家、翻译家、诗人以及鳞翅目昆虫学家，代表作品有《洛丽塔》。

History
历史上的今天
1995年2月25日：首批国家杰出青年科学基金颁给49位青年学者。

 名校速览

上海财经大学

211 院校　教育部直属　双一流建设高校

创办时间：1917 年
地理坐标：上海
校 庆 日：9 月 17 日
校　　训：厚德博学，经济匡时
一流学科：应用经济学

　　上海财经大学简称"上海财大"，源于 1917 年南京高等师范学校创办的商科，1921 年创建上海商科大学，这是我国教育史上最早的商科大学。1932 年独立建校，定名国立上海商学院；1950 年更名上海财政经济学院，这是国内第一所以"财经"命名的高等学府。

　　绿叶步行街是上海财大最有人气的一条路，两边种满了梧桐，上海财大的各种宣传活动都在这里举行。在校庆日，上海财大会举办一年一度的美食节，绿叶步行街上会放一个巨大的生日蛋糕，同学们可以免费品尝。

　　严济慈、曹沛霖等都是上海财大的校友。

Highlights
我的今天

我要扼住命运的咽喉,它妄想使我屈服。

路德维希·贝多芬

Ludwig Beethoven,1770.12.16—1827.3.26 | 德国著名作曲家、钢琴演奏家,被尊称为"乐圣",代表作品有《命运交响曲》。

History
历史上的今天

1930 年 2 月 26 日:美国纽约市安装红绿灯,废除黄灯。

榜样力量

贝多芬：扼住命运的咽喉

贝多芬24岁时，不幸的事情发生了，他的听觉不断丧失，他情绪低落，婚姻无望，感到孤独。

但这并不意味着贝多芬无所作为。他勇敢地向命运发起了挑战。他不顾双耳轰轰作响，完成了一件又一件作品。

有一次，贝多芬指挥的演奏彻底搞砸了，因为他听不见台上的歌唱。但两年过后，他指挥演奏《合唱交响曲》获得了巨大的成功。就在这样的厄运中，他终于成为一代"乐圣"。

他改变了作曲家的地位。从前，作曲家只是一种接受委托进行创作的职业。而他以艺术家的身份出现，借音乐表达自己的情感、理智，并且通过演出和出版使得自己的生活独立起来，不需仰人鼻息。

Highlights
我的今天

一个人若是没有确定航行的目的港,任何风向对他来说都不是顺风。

米歇尔·德·蒙田
Michel de Montaigne,1533.2.28—1592.9.13 | 法国思想家、作家,代表作品有《随笔集》。

History
历史上的今天
1900 年 2 月 27 日:德国著名足球俱乐部拜仁慕尼黑成立。

100天冲刺表

若欲到达指定的目的地,必须循由一条道路前进,不要在许多路上徘徊。

塞内卡
Seneca,约前4—65 | 古罗马哲学家、政治家、剧作家,代表作品有《对话录》。

History
历史上的今天
1986年2月28日:国家自然科学基金委员会成立。

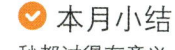 **本月小结**

努力，让每一秒都过得有意义。

本月自我评价

本月最有成就感的事

3 月 MARCH

弗朗西斯·培根

如果问在人生中最重要的才能是什么,那么回答则是:第一,无所畏惧;第二,无所畏惧;第三,还是无所畏惧。

本月目标

本月计划

我宁愿和柏拉图一起犯错误,也不愿和某些人一起正确地思想。

马库斯·西塞罗

Marcus Cicero,前 106.1.3—前 43.12.7 | 古罗马哲学家、政治家、法学家、作家、雄辩家,三权分立学说的古代先驱。

History

历史上的今天

1958 年 3 月 1 日:中国人民解放军高等军事学院开学。

✅ 一周计划

好的计划是成功的坚实基础。

计划	核查
计划完成的事项	☐ ☐ ☐ ☐ ☐ ☐ ☐
计划开启的事项	☐ ☐ ☐ ☐ ☐ ☐ ☐

你要相信,时光且长,你终将长成自己想要的模样,拥抱只属于你的未来。

摩西奶奶
Grandma Moses,1860.9.7—1961.12.13 | 美国画家,70 多岁时才因关节炎放弃刺绣开始绘画,一共画了 1000 多幅画。

History
....
历史上的今天

1949 年 3 月 2 日:美国轰炸机首次完成中途不着陆环球飞行。

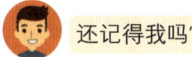 再苦也要笑一笑

为了你我把志愿都改了

还记得我吗?

您是哪位?

当初为了你,把高考志愿都改了的那同学啊。

鬼才信!我大学四年都没见过你。

我没考上啊。

Highlights
我的今天 ✏

距我的高考仅 096 天

3月3日 ③ 星期____

全国爱耳日

学生在学校内，既要有活泼进取的精神，又要有坚实耐烦的精神。

蔡元培

1868.1.11—1940.3.5 | 著名教育家，25 岁经殿试进士及第，1917 年至 1927 年任北京大学校长。

History
历史上的今天

1990 年 3 月 3 日：人类第一次胜利徒步横穿南极。

榜样力量

蔡元培：就任北京大学校长的演说（节选）

大学者，研究高深学问者也。外人每指责本校之腐败，以求学于此者，皆有做官发财思想，故毕业预科者，多入法科，入文科者甚少，入理科者尤少，盖以法科为干禄之终南捷径也。因做官心热，对于教员，则不问其学问之浅深，唯问其官阶之大小。官阶大者，特别欢迎，盖为将来毕业有人提携也……

所以诸君须抱定宗旨，为求学而来，入法科者，非为做官；入商科者，非为致富。宗旨既定，自趋正轨，诸君肄业于此，或三年，或四年，时间不为不多，苟能爱惜光阴，孜孜求学，则求造诣，容有底止。若徒志在做官发财，宗旨既乖，趋向自异。平时则放荡冶游，考试则熟读讲义，不问学问之有无，唯争分数之多寡；试验既终，书籍束之高阁，毫不过问，敷衍三四年，潦草塞责，文凭到手，即可借此活动于社会，岂非与求学初衷大相背驰乎？光阴虚度，学问毫无，是自误也……

今诸君苟不于此时植其基，勤其学，则将来万一因生计所迫，出而仕事，担任讲席，则必贻误学生；置身政界，则必贻误国家。是误人也。误己误人，又岂本心所愿乎？

Highlights
我的今天

表现勇敢则勇气来,往后退缩则恐惧来。

约瑟夫·康拉德

Joseph Conrad,1857.12.3—1924.8.3 | 波兰裔英国小说家,被誉为现代主义的先驱,代表作品有《黑暗的心》《吉姆爷》。

History

历史上的今天

1923年3月4日:胡适发表文章《一个最低限度的国学书目》,大力提倡研究国学。

▲ 上海大学文荟图书馆　　©Pyzhou

名校速览

上海大学

211 院校　上海市直属　双一流建设高校

创办时间：1994 年
地理坐标：上海
校 庆 日：5 月 27 日
校　　训：自强不息；先天下之忧而忧，后天下之乐而乐
一流学科：机械工程

　　上海大学简称"上大"。1922 年国共合作曾创建了上海大学，这是一所被誉为"武有黄埔，文有上大"的革命学校，1927 年被关闭。1983 年上海市复办上海大学，1994 年由 4 所大学合并组建新的上海大学。

　　该校的选课制让学生自主选择课程、选择老师、选择学期，只要有兴趣，教学计划外的课程也可以自由选择。作为其特色的短学期制是三长一短，即秋季学期、冬季学期、春季学期三个长学期，每学期 10 周学习时间、2 周考试时间，夏季实践学期一个短学期，可以去社会上实习，也可以学习国外知名教授的课程。

Highlights
我的今天 ✏

距我的高考仅 **094** 天

3月5日 5 星期____

中国青年志愿者服务日

所谓大学者，非谓有大楼之谓也，有大师之谓也。

梅贻琦

1889.12.29—1962.5.19 | 物理学家和教育家，曾任清华大学校长、西南联合大学校长。

History

历史上的今天

1912年3月5日：意大利使用3艘飞艇对土耳其进行侦察和轰炸，这是人类首次在战争中使用空军。

 榜样力量

梅贻琦：清华大学开学典礼上的讲话（节选）

园内生活之安适，读书研究之便利，大可闭起园门，埋首用功，不必再问外事。但大学不要因自己环境之舒适，而忘怀园外的情形。在中国今日状况之下，除安心读书外，还要时时注意到国家的危难。我们如果要像欧洲中世纪僧院的办法，是绝对做不到的。但我们要纾难救国，不必专以开会宣传为已尽其责。宣传效果之如何，是大家所共知的。我们应该从事实上研究怎样可以得到切实有效的方法，帮助国家做种种建设的事业。这样才可能把学问做活了。我们的学生将来才成社会上真有用的人才。

凡一校精神所在，不仅仅在建筑设备方面之增加，而实在教授之得人。本校得有请好教授之机会，故能多聘好教授来校。这是我们非常可幸的事。从前我曾改易《四书》中两语："所谓大学者，非谓有大楼之谓也，有大师之谓也。"现在吾还是这样想，因为吾认为教授责任不尽在指导学生如何读书，如何研究学问。凡能领学生做学问的教授，必能指导学生如何做人，因为求学与做人是两相关联的。凡能真诚努力做学问的，他们做人亦必不取巧，不偷懒，不作伪，故其学问事业终有成就。

Highlights
我的今天 ✏

天将降大任于斯人也,必先苦其心志,劳其筋骨,饿其体肤,空乏其身,行拂乱其所为,所以动心忍性,曾益其所不能。

孟子
约前 372—前 289 | 思想家、教育家,战国时期儒家代表人物,被尊为"亚圣"。

History
历史上的今天

1869 年 3 月 6 日:俄国化学家门捷列夫公开他的首张元素周期表。

🎓 高效学习

状元学习法

2015年四川省理科状元高志华
（总分689分）

我做的题并不多，而是一类题反复练。自主复习的时候，总是先把错题集拿出来看，针对自己的薄弱项做专门的训练。

另外，我遇见问题比较善于思考，也能静下心来，实在不懂的，也会马上问老师，这样学习效率可能就会更高一些。

2015年四川省文科状元万妙然
（总分681分）

有了牢固的基础，才会在考试的时候遇到陷阱不会"陷进去"。做练习的目的不是看自己会不会，而是要练习熟练度，所以每一道题都要认真地对待。

在练习大轴题的时候，要注重解题方法的积累，把题型分类；练习达到一定量之后，就能够归纳出分类了。

Highlights
我的今天 ✏️

谁若游戏人生，谁就一事无成；谁不能主宰自己，谁便永远是一个奴隶。

沃尔夫冈·歌德
Wolfgang Goethe，1749.8.28—1832.3.22 ｜ 德国剧作家、诗人，代表作品有《浮士德》《少年维特之烦恼》。

History

历史上的今天

1978 年 3 月 7 日：我国高校恢复教授、副教授、讲师、助教的职称评定。

▲ 东华大学　　©Zhou Guanhuai

名校速览

东华大学

211 院校　教育部直属　双一流建设高校

创办时间：1951 年
地理坐标：上海
校 庆 日：10 月 6 日
校　　训：崇德博学，砺志尚实
一流学科：材料科学与工程、纺织科学与工程

　　东华大学简称"东华"，其历史可追溯至 1912 年张謇创办的纺织染传习所，这是新中国创办的第一所纺织高等学府，1985 年更名中国纺织大学，1999 年更名为东华大学。

　　东华明明是一所实力很强的大学，却经常被网友误会，原因就是从国字头大学改成了东华大学。

　　其实，国内除了东华大学，还有位于湖南的南华大学、位于四川的西华大学、位于吉林的北华大学，只不过这三所都是普通省属大学。

Highlights
我的今天 ✏

国际妇女节

挫折磨难是锻炼意志、增加能力的好机会。

邹韬奋
1895.11.5—1944.7.24 | 出版家、新闻工作者。为纪念他,我国设立了"韬奋出版奖""长江韬奋奖",作为对新闻出版编辑从业人员的奖项。

History

历史上的今天

1993 年 3 月 8 日:东北工学院复名为东北大学,张学良任名誉校长。

✓ 一周计划

好的计划是成功的坚实基础。

计划	核查
计划完成的事项	☐ ☐ ☐ ☐ ☐ ☐ ☐
计划开启的事项	☐ ☐ ☐ ☐ ☐ ☐ ☐

保护母亲河日

孤独和喧嚣都难以忍受。如果一定要忍受,我宁可选择孤独。

周国平
1945.7.25— | 知名学者、作家,代表作品有《尼采:在世纪的转折点上》。

History

历史上的今天

1978年3月9日:中国科技大学开办少年班,招收20名少年,最大的学生为16岁,最小的只有11岁。

 再苦也要笑一笑

千万不要提前交卷

班主任：同学们,考试千万不要提前交卷啊。

学渣：为什么?

班主任：因为有位前辈,在最后 35 秒得了 13 分。

学渣：谁啊? 这么牛!

班主任：麦迪。你们也能创造你们的"麦迪时刻"。

学渣：老师您是在暗示,最后 35 秒会有人传给我答案吗?

Highlights
我的今天 ✏

我只是做事情的时候比较专注,不容易受干扰,不浪费时间在没用的东西上。

尹希
1983.12.3— ｜美籍华裔理论物理学家,哈佛大学物理系教授。他12岁考入中科大少年班。

History
历史上的今天
1921年3月10日:交通大学成立,并开始招收学生。

榜样力量
尹希：哈佛最年轻的华人正教授

1974年5月，物理学家李政道提议设立"为早慧少年进行超常教育"的特殊班级，是少年班的最初设想。据2014年的调查，仅中科大少年班的毕业生就有约210人在国内外研究型大学获得教职，其中106人在美国。1996级校友尹希于31岁即当选为哈佛大学正教授，为哈佛大学最年轻的华人正教授。

9岁连跳N级考进了智力超常实验班，学着很多大学生都不一定看得懂的微积分；12岁入读中科大，成为当时该校年纪最小的新生；17岁大学毕业，放弃耶鲁、哥大、芝大等多所高校，收获世界最高学府——哈佛的博士邀请函；31岁正式成为哈佛大学正教授，一举创下哈佛最年轻华人正教授的纪录。

这个人就是尹希，一个打扮得像是艺术家一样的科学家，一个不愿意别人用天才这个词来描述他的人生赢家。

Highlights
我的今天

我从来不愿意仅仅因为事情已经不可避免而向它低头。

理查德·尼克松
Richard Nixon,1913.1.9—1994.4.22 | 美国第37任总统,1972年他访问我国,开启了中美外交关系的新篇章。

History
历史上的今天
1995年3月11日:中美在北京正式签署知识产权协议。

名校速览

西南大学

211 院校　教育部直属　双一流建设高校

创办时间：1906 年
地理坐标：重庆
校 庆 日：4 月 18 日
校　　训：含弘光大，继往开来
一流学科：教育学、生物学

　　西南大学简称"西大"，其历史可追溯至 1906 年创建的川东师范学堂。2005 年，西南师范大学、西南农业大学合并组建为西南大学。

　　西大校本部有 7 条线路的校园观光车连接校内各大区域，学生生活区由桃园、李园、杏园、橘园、梅园、楠园、竹园等区组成，每逢春季，玉兰花、李花、山茶花、紫荆花等竞相开放。西大绿地达到 40%，是闻名遐迩的花园式学校。

　　袁隆平、吴明珠、李丹阳等都是西大的校友。

Highlights
我的今天

植树节

凡是能冲上去、能散发出来的焰火,都是美丽的。

汉斯·安徒生
Hans Andersen,1805.4.2—1875.8.4 | 丹麦童话作家,创作的著名童话故事有《冰雪女王》《卖火柴的小女孩》《丑小鸭》等。

History
历史上的今天
1894 年 3 月 12 日:瓶装可口可乐开始发售。

榜样力量

安徒生：从学徒到童话大王

早早失去父亲的安徒生做过纺织工和裁缝的学徒，还在香烟厂打过工。但他有个梦想，想成为歌剧演唱家。

为追求梦想，14岁时他只身去了首都。由于他嗓音很好，被丹麦皇家剧院看中，但不久他的嗓子坏了，惨遭解雇。找不到工作，他差点饿死。

幸运女神总是光顾有梦想的人。一位音乐家和一位诗人认识了他，愿意帮助他进入荷兰皇家剧院做舞蹈学徒。历经多年的艺术积累，他得到了皇家剧院主管的赏识。主管甚至说服国王付钱把他送到学校深造。这个并不情愿的差生，5年换了两所学校，在学校中仍然表现得怪异、不合群，老师也常责骂他。后来，安徒生将这些年描述为他人生中最黑暗和最痛苦的时期。但这一切反而成了他一生的财富，激发他写出广受欢迎的童话。

安徒生生前获得皇家致敬，被高度赞扬为给全欧洲的孩子带来了欢乐。他的作品被翻译为150多种语言，成千上万册童话书在全球出版发行。

Highlights
我的今天

大鹏一日同风起,扶摇直上九万里。

李白
701.5.19—762.11.30 | 唐代诗人,字太白,号青莲居士,伟大的浪漫主义诗人。

History

历史上的今天

2012年3月13日:《大英百科全书》出版方宣布,自初版面世以来历时244年的《大英百科全书》将不再出版印刷版。

🎓 高效学习

状元学习法

2017 年贵州省理科状元李旭杨
（总分 700 分）

自己从未刻意去分配每门功课的学习时间，而是在课堂上跟着老师的思路走，课后发现有遗漏时再及时补足。对于知识点上的漏洞，千万不能小视。它们跟臭氧层空洞一样，不及时补足，将会越来越大，最后变得无从补起。

2017 年贵州省文科状元刘昱旻
（总分 727 分，数学满分）

我 6:50 起床以后，先看一会儿英语单词，然后到学校去上早自习、上课。课间就刷题。中午回家，做一点文综的选择题，然后就午休。下午上课，放学和课间也在刷题，晚饭前先做选择题，吃完饭就继续到学校刷题。基本上高三后期都是刷题。

Highlights
我的今天 ✏️

距我的高考仅 085 天

3月14日 星期____

国际数学节

我宁愿是燃烧过后的灰烬,也不愿做地上的尘土。

杰克·伦敦

Jack London, 1876.1.12—1916.11.22 | 美国著名作家,他用1年的时间学完了中学4年的课程,顺利考入加州大学伯克利分校。代表作品有《野性的呼唤》《热爱生命》等。

History
历史上的今天

2011年3月14日:国际数学协会宣布将每年的3月14日设为国际数学节,以纪念发现圆周率的数学家祖冲之。

名校速览

东北师范大学

`211 院校　教育部直属　双一流建设高校`

创办时间：1946 年
地理坐标：吉林长春
校　　训：勤奋创新，为人师表
一流学科：马克思主义理论、教育学、世界史、化学、统计学、材料科学与工程

　　东北师范大学简称"东北师大"，源于 1946 年创建的东北大学，1950 年更名东北师范大学,被誉为"人民教师的摇篮"。

　　作家萧军、吴伯箫，文学史家杨公骥，著名生态学家郑光美，物理学家孙昌璞等是东北师大的校友。

Highlights
我的今天

3月15日　15　星期 ____

国际消费者权益日

只有向后才能理解生活，但要生活好，则必须向前看。

克尔凯郭尔
Kierkegaard，1813.5.5—1855.11.11 ｜ 丹麦哲学家、现代存在主义哲学的创始人、后现代主义的先驱，也是现代人本心理学的先驱，代表作品有《非此即彼》《恐惧与战栗》。

History
历史上的今天

1827年3月15日：多伦多大学成立，这是加拿大第一所高等学府，当时名为"国王学院"。

✓ 一周计划

好的计划是成功的坚实基础。

计划	核查
计划完成的事项	☐ ☐ ☐ ☐ ☐ ☐ ☐
计划开启的事项	☐ ☐ ☐ ☐ ☐ ☐ ☐

距我的高考仅 083 天

3月16日　16　星期＿＿

你又不是用你圣洁的灵魂去学代数，你就不能用你聪明伶俐的头脑看书吗？

大卫·赫伯特·劳伦斯
David Herbert Lawrence，1885.9.11—1930.3.2 ｜ 英国著名作家，代表作品有《虹》《儿子与情人》。

History
历史上的今天
1802年3月16日：美国总统托马斯·杰斐逊签署法令，建立西点军校。

😊 再苦也要笑一笑

高考并不可怕

班主任: 其实高考一点也不可怕,复习了一年,考的全是学过的东西。

学生: 那还有什么更可怕的?

班主任: 大学考试才可怕,只有一周时间复习,考的还全是没见过的东西。

校长: 班主任说得对。

Highlights
我的今天 ✏️

距我的高考仅 082 天

3月17日 17 星期____

中国国医节

你要找到你的信念，然后坚持。你要找到你的北极星。你要会做选择。有一些容易，有一些艰难，还有一些会让你质疑一切。

蒂姆·库克
Tim Cook，1960.11.1—　｜美国工业工程师，苹果公司的首席执行官。

History
历史上的今天

1919 年 3 月 17 日：第一批留法勤工俭学学生乘日本邮船从上海启程赴法。

 榜样力量

蒂姆·库克：你要无所畏惧

也许，你在考虑希望得到的工作，或者想知道自己将住在哪里，或者如何偿还学生贷款。我知道，这些都是真正担忧的事情。我也遇到过这些事情。但是，不要让这些担忧阻止你做出改变。

无畏意味着要迈出第一步，即使你不知道这一步将带你去哪里。这意味着要被更高的目标所驱使，而不是被掌声所迷惑。

这意味着，你知道当自己与他们站在一起的时候，会暴露出自己的性格，而不是站在人们面前的形象。

如果你最终走出第一步，不害怕失败……如果你交流和倾听，如果你表现得彬彬有礼和善良，即使没有人看到，即使它看起来无关紧要，相信我，剩下的就是水到渠成的事情了。

——节选自蒂姆·库克2018年在杜克大学毕业典礼上的演讲

Highlights
我的今天 ✏️

距我的高考仅

0 8 1 天

3月18日 ㉘ 星期____

大海越是布满着暗礁,越是以险恶出名,我越觉得通过重重危险去寻求不朽是一件赏心乐事。

朱利安·拉美特利
Julien La Mettrie,1709.11.25—1751.11.11 | 法国启蒙思想家、哲学家,代表作品有《人是机器》。

History
历史上的今天

1999年3月18日:我国台湾地区台北市正式启用行人倒数计时显示器,俗称"小绿人"。

▲ 华中师范大学老图书馆

 名校速览

华中师范大学

`211 院校`　`教育部直属`　`双一流建设高校`

创办时间：1903 年
地理坐标：湖北武汉
校 庆 日：10 月 2 日
校　　训：求实创新，立德树人
一流学科：政治学、教育学、中国语言文学

　　华中师范大学简称"华中师大"，是在 1903 年创办的文华书院大学部、中华大学、中原大学教育学院的基础上组建的，1985 年更名华中师范大学。

　　华中师大东区校园有大片森林，南门附近有大片水杉林，中部则有牡丹园、梅园、玉兰园等。而且学校有满山的桂花树，每到 9 月，桂树飘香。校园内还有一条桂花长廊，长约 140 米，这里已经成为华中师大的一个标志性景点，毕业学子拍照的必选之地。

Highlights
我的今天 ✏

没有失败,就不会有成功。失败并不可怕,可怕的是你因失败而放弃自己的梦想。

克里斯蒂亚诺·罗纳尔多
Cristiano Ronaldo,1985.2.5— ｜即 C 罗,当今世界顶尖足球运动员,多次获得欧洲金靴奖和国际足联金球奖。

History
历史上的今天
1975 年 3 月 19 日:我国最高人民法院宣布特赦在押全部战犯。

 榜样力量

C罗：从被否定到足球巨星

著名球星C罗的一切并不是那么一帆风顺，小时候因常常上课迟到，老师终于忍无可忍地对他说："放下那个足球吧，它不能为你的人生带来任何东西。"

15岁时，C罗因心脏问题险些提前告别自己的足球生涯，后来他在自传里回忆道："那是我足球路上最艰难的时期，因为那个时候我深知有可能会和足球说再见，但是我走了过来，因为我爱足球，我不想失去它。"

或许病魔是C罗巨星之路上一块大的绊脚石，但是走过了绊脚石，他要做的便是一路对自己的磨炼。

Highlights
我的今天

距我的高考仅 **079** 天

3月20日 ㉠ 星期＿＿

国际幸福日

世上的每一朵玫瑰花都有刺，如果因为怕扎手就舍弃，那么你永远也不能得到玫瑰芬芳。

亚瑟·叔本华
Arthur Schopenhauer，1788.2.22—1860.9.21 ｜ 德国著名哲学家，唯意志论主义的开创者。

History
历史上的今天

2003年3月20日：美英联军向伊拉克发起军事行动，伊拉克战争爆发。

🎓 高效学习
状元学习法

2017 年河北省理科状元窦艺
（总分 720 分）

> 高三复习阶段学习物理的方法：根据书本目录，以章为单位，看标题回忆每章内容、知识点、易错点、难点、疑点等，然后按节细查，回忆考点及例题，最后以书本为单位，逐书回忆，如此反复，理清知识点。

2017 年河北省文科状元牛璐瑶
（总分 681 分，数学满分）

> （做题时）在哪一步卡住，就在那一步用红笔重点标注出来，一定要重新做一遍，将所有题按知识板块，分类整理才罢休。

Highlights
我的今天 ✏

世界睡眠日

现在的梦决定着你的将来,所以还是再睡一会儿吧。

加菲猫
Garfield ｜一部美国漫画的主角,它是一只橙色的可爱胖猫。

History
历史上的今天
2006 年 3 月 21 日：推特上线并发出了第一条推文。

 名校速览

陕西师范大学

211 院校　教育部直属　双一流建设高校

创办时间：1944 年
地理坐标：陕西西安
校 庆 日：10 月第二个星期日
校　　训：厚德，积学，励志，敦行
一流学科：中国语言文学

　　陕西师范大学简称"陕师大"，其前身是 1944 年成立的陕西省立师范专科学校，1954 年更名为西安师范学院，1960 年与陕西师范学院合并，定名为陕西师范大学。

　　陕师大的大学录取通知书都是本校的老教授们用毛笔亲笔写的，老校区的图书馆爬满了爬山虎，古香古色，很有感觉。"长安大讲堂"上，你有机会和国内外学术界、文学界、文化界著名学者、作家面对面交流。

Highlights
我的今天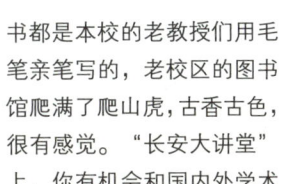

距我的高考仅 **077** 天

3月22日 ㉒ 星期＿＿

世界水日

嗨！老兄！你知道为什么我比你更酷吗？因为我从不考虑退路。

威尔·史密斯
Will Smith, 1968.9.25— | 美国著名演员、歌手，出演的作品有《独立日》《黑衣人》《当幸福来敲门》。

History
历史上的今天

1914年3月22日：上海图画美术院开始使用人体模特。

✓ 一周计划

好的计划是成功的坚实基础。

计划	核查
计划完成的事项	☐ ☐ ☐ ☐ ☐ ☐ ☐
计划开启的事项	☐ ☐ ☐ ☐ ☐ ☐ ☐

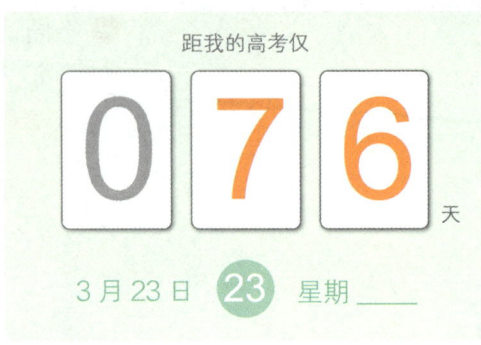

距我的高考仅 **0 7 6** 天

3月23日 ㉓ 星期＿＿＿

世界气象日

当你需要知识就像你在水里需要空气时，你准能得到它。

苏格拉底
Socrates，前470—前399 ｜ 古希腊哲学家，西方哲学的奠基人。

History

历史上的今天

1983年3月23日：美国总统罗纳德·里根在电视讲话中首次提出星球大战计划。

😊 再苦也要笑一笑

苏格拉底学习法

一个青年问苏格拉底："怎样才能获得知识？"

苏格拉底将这个青年带到海里，海水淹没了年轻人，他奋力挣扎才将头探出水面。

苏格拉底问："你在水里最大的愿望是什么？"

"空气，当然是呼吸新鲜空气！"

"对！学习就得使上这股子劲儿。"

Highlights
我的今天 ✏️

距我的高考仅

0 7 5 天

3月24日 24 星期 ____

我们所做的事可能是渺小的,但它具有某些永恒的性质。

戈弗雷·哈代

Godfrey Hardy,1877.2.7—1947.12.1 | 英国数学家、英国皇家学会成员,曾在剑桥大学、牛津大学任教,被认为是20世纪英国分析学派的代表人物。他认为自己对数学最大的贡献,是发现了拉马努金。

History
历史上的今天
1999年3月24日:北约开始轰炸南联盟。

 榜样力量

拉马努金:"学渣"中的天才

拉马努金出生于印度,家境十分贫寒。在学校里,因为注意力不集中,考试总不及格,按今天的标准就是一个"学渣"。然而他在数学方面却极具天赋。11岁,他就掌握了一些大学数学的知识,老师对这个"另类"不理解,同学也对他敬而远之。

他好不容易考上大学,结果因为严重偏科,被学校开除。一年后,一所学院又录取了他,结果他连续两次挂了5门科,再次被学校开除,连学位都没拿到手。擅长数学的拉马努金,只能干抄写员的工作。24岁那年,拉马努金发表了自己的第一篇论文,但研究成果太高深,印度没人能看懂,朋友建议他:"为什么不把研究成果寄到剑桥大学,让那里的数学家看看呢?"

拉马努金鼓起勇气,给剑桥的贝克、霍布斯、哈代三位数学家分别寄出了自己研究出的一堆公式。结果只有哈代没有直接丢掉,而是和另一位数学家进行了讨论,讨论的结果就是:"拉马努金是个天才!"

在哈代的帮助下,拉马努金进入剑桥大学,成为哈代的合作伙伴。在5年的时间里,两人一共发表28篇重量级论文,对现代数学发展的贡献不可估量。

他取得的这些成就,并非受益于教育,而是来自"神秘的直觉"。他常常一觉醒来就能写出来很多公式。凭借这一超能力,他一共独立发现3900个公式。

Highlights
我的今天

别在树下徘徊,别在雨中沉思,别在黑暗中落泪。

普罗斯佩·梅里美
Prosper Merimee,1803.9.28—1870.9.23 | 法国作家、中短篇小说大师、历史学家,代表作品有《卡门》。

History
历史上的今天
1999 年 3 月 25 日:我国第一头转基因牛诞生。

名校速览

太原理工大学

211院校　山西省直属　双一流建设高校

创办时间：1902年
地理坐标：山西太原
校 庆 日：5月6日
校　　训：求实，创新
一流学科：化学工程与技术

　　太原理工大学简称"太原理工"，其前身是创立于1902年的国立山西大学堂西学专斋，这是我国最早成立的三所国立大学之一。如今，太原理工是山西省唯一一所211工程大学。

　　太原理工的男生们很强悍，男子篮球队曾两次夺得全国大学生男子篮球赛总冠军，男子足球队曾夺得全国大学生男子足球赛总冠军。太原理工是唯一一所在足球、篮球两个项目上均获得过全国总冠军的大学。

Highlights
我的今天

距我的高考仅

073 天

3月26日 26 星期＿＿

要牢牢地记住：慎重与怯懦不是同义词，正如勇敢并不等于鲁莽一样。

德怀特·艾森豪威尔
Dwight Eisenhower，1890.10.14—1969.3.28 | 美国第34任总统，第二次世界大战期间盟军在欧洲的最高指挥官，曾任哥伦比亚大学校长。

History
历史上的今天

1979年3月26日：埃及和以色列签署中东现代史上第一个和约——《埃及－以色列和平条约》，两国间历时30年之久的战争状态宣告结束。

榜样力量
艾森豪威尔:玩好手中的牌

有个叫艾克的小男孩经常与家人一起打扑克。有天晚上他连续几把都抓到不好的牌,就开始抱怨起来。

母亲正色说道:"如果你要玩,就必须把手上的牌玩下去。发的牌是天意,你能做的,就是把手中的牌玩得最好。生活就是这样。"

后来,艾克在遇到生活困境时,总是会想起母亲的话,尽力调整好自己的心态去适应环境,面对挑战。后来,他成为第二次世界大战时的盟军总司令,最终成为美国总统,他就是艾森豪威尔。

▲ 位于 C 位的是艾森豪威尔

Highlights
我的今天

距我的高考仅

0 7 2 天

3月27日　27　星期 ____

世界戏剧日

只有那些甘愿冒险不断前行的人，才能够清楚地了解自己能走多远。

托马斯·艾略特
Thomas Eliot, 1888.9.26—1965.1.4 | 英国著名诗人，1948年诺贝尔文学奖得主，代表作品有《荒原》。

History
历史上的今天
1968年3月27日：世界上第一位宇航员加加林在一次普通的飞行训练中因飞机失事遇难。

 高效学习

状元学习法

2017 年河南省理科状元陈文龙（总分 703 分）

对于语文：积累知识和建立知识框架，只有这样，做起题来才会更得心应手。

对于数学：先做题再总结，最后再做题，从而解决自己的薄弱点。

对于英语：要背单词、词汇、语法、句型、作文等。同时强化练习，比如阅读理解多次练习之后，总结出适合自己的做题方法。

对于理综：培养出自己的做题节奏，把握做题的时间和顺序，做完整套理综题，剩下 5~10 分钟的节奏是最好的。

2017 年河南省文科状元吴铮（总分 676 分）

我的学习方法就是相信老师，跟着老师的步伐走。我觉得只要上课效率够高就可以了。

Highlights
我的今天 ✏️

大雨过后,有两种人:一种人抬头看天,看到的是蔚蓝与美丽;一种人低头看地,看到的是淤泥与绝望。

陶行知
1891.10.18—1946.7.25 | 教育家,创办晓庄师范和重庆育才学校。

History
历史上的今天

1981年3月28日:澳门大学前身——东亚大学成立,为澳门历史上第一所现代大学。

名校速览

南昌大学

`211 院校`　`部省合建`　`双一流建设高校`

创办时间：1921 年
地理坐标：江西南昌
校 庆 日：5 月 4 日
校　　训：格物致新，厚德泽人
一流学科：材料科学与工程

　　南昌大学是江西省唯一的一所 211 工程高校，其前身是于 1921 年创办的江西公立医学专门学校和 1940 年创建的中正大学。1993 年，江西大学与江西工业大学合并组建南昌大学。2005 年，原南昌大学与江西医学院合并组建新南昌大学。

　　南昌大学拥有前湖（主校区）、青山湖、东湖、鄱阳湖 4 个校区。学校开设本科专业 100 多个，其中化学、临床医学、食品科学与工程等专业实力很强。

Highlights
我的今天 ✏

距我的高考仅 **070** 天

3月29日 29 星期 ____

将无法实现之事付诸实现,正是非凡毅力的真正标志。

斯蒂芬·茨威格
Stefan Zweig, 1881.11.28—1942.2.22 | 奥地利犹太裔作家,中短篇小说巨匠,代表作品有《一个陌生女人的来信》。

History
历史上的今天

1919年3月29日:美国科学家预言火箭登月旅行将成为可能。

✅ 一周计划

好的计划是成功的坚实基础。

计划	核查
计划完成的事项	☐ ☐ ☐ ☐ ☐ ☐ ☐
计划开启的事项	☐ ☐ ☐ ☐ ☐ ☐ ☐

生命就像那空中白色的羽毛,或迎风搏击,或随风飘荡,或翱翔蓝天,或坠入深渊。

《阿甘正传》
一部由罗伯特·泽米基斯导演、汤姆·汉克斯主演的电影,荣获奥斯卡最佳影片、最佳导演、最佳男演员、最佳改编剧本、最佳视效、最佳剪辑等奖项。

History
历史上的今天

1879 年 3 月 30 日:日本侵占琉球,改置为冲绳县。

 再苦也要笑一笑

群主，请把这个家伙踢出去

群里有 doctor 吗？

我是，怎么了？

有人心脏病发作了。

我是哲学 doctor。

他要死了。

我们都是要死的。

群主，请把这个家伙踢出去！！

Highlights
我的今天 ✏

当你认为最困难的时候,其实就是你最接近成功的时候。

《当幸福来敲门》
美国哥伦比亚影业 2006 年发行的一部电影,获得奥斯卡最佳男主角提名。电影改编自真实故事,首映后就夺得票房第一名。

History

历史上的今天

1920 年 3 月 31 日:北京大学马克思学说研究会成立。

本月小结

努力,让每一秒都过得有意义。

本月自我评价

本月最有成就感的事

月 APRIL

威廉·莎士比亚 ✏️

在灰暗的日子里,不要让冷酷的命运窃喜;命运既然来凌辱我们,我们就应该用处之泰然的态度予以报复。

本月目标

本月计划

4月1日　1　星期____

愚人节

假如生活欺骗了你，不要悲伤，不要心急！忧郁的日子里需要镇静：相信吧，快乐的日子将会来临！

普希金
Pushkin，1799.6.6—1837.2.10 | 俄国"文学之父"、现代标准俄语的创始人，代表作品有《自由颂》等。

History
历史上的今天
1950年4月1日：中央美术学院正式成立，徐悲鸿任院长。

🎓 高效学习

状元学习法

2018 年河北省理科状元孙浩宁
（总分 734 分，数学满分）

一定要重视课本，重视基础，各学科都要重视。因为不管是什么考试，课本是出题的最终源头。如果多翻几遍，对课本更加熟悉的话，对自己做题有特别大的帮助。

2018 年河北省文科状元郭家萌
（总分 707 分）

在熟悉课本的时候要想问题，多和同学们讨论；在练习的时候，既要做套卷，也要进行专项训练，明白自己的弱项，然后进行主攻，这样效率会比较高。

Highlights
我的今天 ✏️

4月2日 星期___

国际儿童图书日

我不会回头看,我总是有足够的理由向前看。

迈克尔·舒马赫
Michael Schumacher, 1969.1.3— | 德国一级方程式赛车手,现代最伟大的F1车手之一,他的职业生涯几乎刷新了每一项纪录。

History
历史上的今天
1950年4月2日:中央戏剧学院成立。

 再苦也要笑一笑

英语学渣与学神的区别

英文单词	学渣翻译	学神翻译
two-time	两次	对人不忠
five-finger	五指	贼
a white day	大白天	良辰吉日
black smith	黑人史密斯	铁匠
yellow book	黄色书刊	黄皮书
green-eyed	绿眼病	红眼病
ladybird	太太鸟	瓢虫
eat dirt	吃土	忍辱
cats and dogs	猫和狗	癌股（垃圾股票）

Highlights
我的今天

距我的高考仅

0 6 5 天

4月3日 ③ 星期 ____

不在于你能把对方打得多重，而在于你能被击打得多重，但却能继续向前！

西尔维斯特·史泰龙
Sylvester Stallone，1946.7.6— ｜美国著名演员、导演及制片人，2010年获得好莱坞事业成就奖。

History
历史上的今天

1948年4月3日：美国总统杜鲁门签署了由国会通过的援助欧洲复兴的法案，马歇尔计划正式执行。

▲ 史泰龙于2006年重新扮洛奇，给影迷签名

榜样力量

史泰龙：从穷困潦倒到好莱坞巨星

有一位年轻人想做演员、拍电影，身上全部的钱都不够买一件像样的衣服的时候，仍坚持心中的梦想。当时好莱坞有500家电影公司。他带着自己的剧本，按精心准备的名单逐一拜访。一轮下来，没有一家电影公司愿意聘用他。面对百分之百的拒绝，他没有灰心。从最后一家电影公司出来后，他又从第一家开始，进行第二轮自我推荐。这一次，依然是所有公司都拒绝了他。

可以说，他的人生一片黑暗。但他仍进行了第三轮尝试。仍然没有任何公司接纳他。

这位年轻人咬牙开始他的第四轮拜访。有一位老板破天荒地愿意让他留下剧本先看一看。

几天后，年轻人得到通知去详细商谈。在这次商谈中，这家公司决定投资开拍这部电影，并请这位年轻人担任男主角。这部电影名叫《洛奇》，这位年轻人就叫西尔维斯特·史泰龙。

Highlights
我的今天 ✏

距我的高考仅

0 6 4 天

4月4日 ④ 星期 ____

每一个不曾起舞的日子,都是对生命的辜负。

弗里德里希·尼采
Friedrich Nietzsche,1844.10.15—1900.8.25 | 德国哲学家、思想家,代表作品有《查拉图斯特拉如是说》。

History
历史上的今天
1938年4月4日:北大、清华、南开在昆明组成西南联大。

▲ 河北工业大学北辰校区图书馆　©Vikarna

名校速览

河北工业大学

`211 院校　河北省直属　双一流建设高校`

创办时间：1903 年
地理坐标：天津
校 庆 日：10 月第二个星期日
校　　训：勤慎公忠
一流学科：电气工程

　　河北工业大学简称"河工大"，其前身是 1903 年创办的北洋工艺学堂，这是我国第一所培养工业人才的高等学校。

　　河工大并不是在河北省会石家庄，而是坐落在天津市，是全国唯一一所"异地办学"的 211 工程大学，石家庄也因此成了全国唯一一个既没 985 也没 211 高校的省会城市。

　　河工大校园有我国第一所现代大学北洋大学的原址，里面很多楼都是百年历史的老建筑，所以经常会有各大影视剧组来此取景拍摄。

Highlights
我的今天 ✏

4月5日 5 星期＿＿＿

国际良心日

把你的脸迎着阳光,就不会有阴影。

柏拉图

Plato,前 429—前 347 | 古希腊哲学家,苏格拉底的学生,亚里士多德的老师。

History
历史上的今天

1937 年 4 月 5 日:国共两党同祭黄帝陵。

 一周计划

好的计划是成功的坚实基础。

计划	核查
计划完成的事项	☐ ☐ ☐ ☐ ☐ ☐ ☐
计划开启的事项	☐ ☐ ☐ ☐ ☐ ☐ ☐

他们之所以做得到,就因为他们认为他们能够做到。

维吉尔
Virgil,前 70.10.15—前 19.9.21 | 古罗马诗人,代表作品有《牧歌集》《农事诗》《埃涅阿斯纪》。

History
历史上的今天
1921 年 4 月 6 日:由陈嘉庚创办的厦门大学举行开学典礼。

 再苦也要笑一笑

我的错题集

 老师：同学们，这个时候了，你们每个人都要有自己的错题集，方便复习。

老师，我觉得这一点都不方便。 学渣

 老师：为什么这样说？

我把每次考试的试卷一订，就是错题集。 学渣

 老师：流汗 😨

Highlights
我的今天 ✏

距我的高考仅 0 6 1 天

4月7日 ⑦ 星期____

世界卫生日

只要活着一天,就要当一天人生的水手,就算不幸迷航,也要活着回来,说一说惊涛骇浪的故事。

史蒂芬·卡拉汉
Steven Callahan, 1952.2.6— ｜ 美国单人帆船运动员、冒险家。

History
历史上的今天

1921年4月7日：广州国会非常会议决定组织中华民国正式政府,推举孙中山为非常大总统。

 榜样力量

卡拉汉：独自一人在海上漂了 76 天

1982 年，史蒂芬·卡拉汉，这位靠自学学会了造船的美国航海家，在驾驶自己设计的"拿破仑独奏号"独自横渡大西洋时遭遇暴风雨。他仅带了少许食物和水，坐着充气救生筏逃离了沉船。除了面对恶劣的天气和鲨鱼的袭击，他还得时刻提防救生筏被刺穿。他在海上漂流了 76 天后终于获救。

"这段经历是大海赠予我的珍贵礼物，我比想象中的自己更坚韧。"卡拉汉说。

他的拼搏为他活下来创造了奇迹。后来，导演李安以他的故事为原型，拍摄了《少年派的奇幻漂流》，而他是李安这部影片的顾问。

Highlights
我的今天

国际珍稀动物保护日

凡事不要说不可能,没有什么事是不可能的。

《教父》
一部由弗朗西斯·科波拉执导、马龙·白兰度和艾尔·帕西诺主演的帮派电影,荣获第 45 届奥斯卡金像奖最佳电影、最佳男主角及最佳改编剧本三大奖项。

History
历史上的今天
1896 年 4 月 8 日:上海交通大学前身南洋公学建校。

 名校速览

广西大学

`211 院校　部省合建　双一流建设高校`

创办时间：1928 年
地理坐标：广西南宁
校 庆 日：10 月 10 日
校　　训：勤恳朴诚，厚学致新
一流学科：土木工程

广西大学简称西大，创办于 1928 年，首任校长是有教育界"北蔡南马"之称的著名教育家马君武博士。许多著名学者和科学家，如竺可桢、李四光、陈望道、陈寅恪等都曾在这里任教。

广西大学的风景颇具特色。每年的毕业时节，校内的荷花池便是一幅"接天莲叶无穷碧"的景象，这也是西大出镜率最高的地方之一。而广西大学的啦啦操队也很出名，在国内比赛中夺冠如家常便饭，在世界啦啦操大赛中也曾问鼎。

Highlights
我的今天 ✏

距我的高考仅 059 天

4月9日 9 星期 ____

真正算得上勇敢的人,是那个最了解人生的幸福和灾难,然后勇往直前,担当起将来会发生的事故的人。

伯里克利

Pericles,前495—前429 | 古希腊政治家,他领导雅典进入黄金时代。这个雅典最辉煌的时代产生了苏格拉底、柏拉图等一批知名思想家。

History
历史上的今天
1984年4月9日:日本建成世界第一座"无人工厂"。

🏅 榜样力量

伯里克利：阵亡将士葬礼上的演说（节选）

我们爱美，但我们有度；我们尊重智慧，但绝不迷恋于此；我们追求财富，但我们只会尽可能地利用它，而不以此炫耀。在雅典，贫穷不可耻，可耻的是不为脱离贫穷而努力。

我们既关心个人事务，又关心国家大事；即使是那些为生活而奔波的人，也不乏足够的参政能力。因为我们雅典人才认为，不参与国事的人乃平庸之辈，而不只是懒汉。我们能做出最准确的判断，并且善于抓住事物的本质。我们不认为言论会妨碍行动，而认为在未经辩论并做好充分准备之前，不应贸然行动。这是我们雅典人与众不同的优点：行动时我们勇气百倍，行动前却要对各种措施的利弊展开辩论。他人的勇敢，由于无知；当他们停下来思考的时候，他们就开始疑惑、恐惧了。真正算得上勇敢的人，是那个最了解人生的幸福和灾难，然后勇往直前，担当起将来会发生的事故的人。

Highlights
我的今天 ✏️

4月10日 星期____

最好的出路,永远是朝前走完全程。

罗伯特·弗罗斯特
Robert Frost,1874.3.26—1963.1.29 | 美国诗人,他写下许多流传后世的自然诗篇,如《雪晚林边驻马》《美景易逝》《荒野》《未走过的路》等。

History
历史上的今天
1971 年 4 月 10 日:美国乒乓球代表团访华,乒乓外交拉开序幕。

🎓 高效学习

状元学习法

2017 年湖南省理科状元李啸宇
（总分 703 分）

我觉得课堂 45 分钟以及课后的总结很重要。课堂上跟着老师，知识当堂消化。课后要进行总结归纳，不能积累问题。

2017 年湖南省文科状元雷咏荃
（总分 681 分）

很多同学上课喜欢走神，这样就没有完全抓住课堂，课后又要补习。我会在课上一直看着老师，通过这种方式来让自己沉浸在课堂中，不漏掉一分一秒。

Highlights
我的今天 ✏️

距我的高考仅 **057** 天

4月11日 11 星期____

世界帕金森病日

人的勇气能承担一切重负,人的耐心能忍受绝大部分痛苦。

塞缪尔·杰克逊
Samuel Jackson, 1948.12.21— | 美国著名演员, 2011年以参演影片总票房合计74亿美元荣登吉尼斯世界纪录"史上最高票房明星",代表作品有《侏罗纪公园》《星球大战》《钢铁侠》《复仇者联盟》等。

History
历史上的今天
1636年4月11日:清太宗皇太极改大金国号为大清,正式建立清朝。

▲ 内蒙古大学　©Derik van Zuetphe

 名校速览

内蒙古大学

211 院校　部省合建　双一流建设高校

创办时间：1957 年
地理坐标：内蒙古呼和浩特
校 庆 日：10 月 14 日
校　　训：求真务实
一流学科：生物学

　　内蒙古大学简称"内大"，是少数民族地区第一所综合性大学，建校之初的大多数教师都是从北大、复旦等名校调拨而来，因而在创校之初就拥有了很强的实力，也因为与北大千丝万缕的联系，内大常被称为"塞外小北大"。

　　内大以蒙古学和动物学著称于世，培育了中国首例、首批试管绵羊、试管牛。

　　闻名世界的生物学家旭日干、等离子物理学家张杰、著名歌唱家腾格尔等都是内大的校友。

Highlights
我的今天 ✏

你能痛苦,就说明你对生活还抱有希望!

路遥
1949.12.2—1992.11.17 | 著名作家,他用 6 年心血完成的代表作品《平凡的世界》影响着一代又一代人。

History
历史上的今天
1986 年 4 月 12 日:我国颁布了《中华人民共和国义务教育法》。

✓ 一周计划

好的计划是成功的坚实基础。

计划	核查
计划完成的事项	☐ ☐ ☐ ☐ ☐ ☐ ☐
计划开启的事项	☐ ☐ ☐ ☐ ☐ ☐ ☐

听着,大脑是我的硬盘,只有放入非常有用的东西才有意义。

《神探夏洛克》
英国电视连续剧,改编自柯南·道尔的夏洛克·福尔摩斯侦探小说,是英国自2001年以来收视率最高的电视剧。这部剧集已在超过200个国家及地区播放。

History

历史上的今天

1995年4月13日:我国第一架超音速无人驾驶飞机试飞成功。

 再苦也要笑一笑

职业病

有一次,柯南·道尔在巴黎叫了一辆出租马车,他先把旅行包扔进了车里,然后爬了上去,但还没有等他开口,赶车人就说:"柯南道尔先生,您要上哪儿?"

"你认识我?"他诧异地问道。

"不,从来没有见过。"

"那你怎么知道我是柯南·道尔呢?"

"我在报纸上看到你在法国南部度假的消息,又看到你从马赛开来的一列火车上下来,我注意到你的皮肤黝黑,这说明你在阳光充足的地方至少待了一个多星期;又从你右手指上的墨水

渍来推断,你肯定是一个作家;另外你还具有外科医生那种敏锐的目光,穿着英国式样的服装,所以我认为你肯定就是柯南·道尔!"

"既然你能从所有这些细微的观察中认出我来,那么你自己和福尔摩斯也不相上下了。"

"还有,"赶车人说,"还有一个小小的事实。"

"什么事实?"

"旅行包上写有你的名字。"

Highlights
我的今天

这个世界纪录证明,我已经做好了跳得更高的准备。

叶莲娜·伊辛巴耶娃
Yelena Isinbayeva, 1982.6.3— | 俄罗斯著名运动员,28 次打破女子撑竿跳世界纪录,被称为"撑竿跳女皇",曾获劳伦斯最佳运动员奖。

History
历史上的今天
1710 年 4 月 14 日:英国议会通过世界上第一部版权法——《安娜法令》。

 榜样力量

"撑竿跳女皇":每一次都是新的挑战

有人说,跳高是一项失败者的运动,因为运动员每成功跳过一个高度,就将面对一个新的高度。每一个人都在和自己较劲,突破自己的极限。"撑竿跳女皇"伊辛巴耶娃就是典型的例子。

她因家境不好,5岁就被送到了体操学校,默默训练了10年。然而,她被告知她并不适合从事体操运动,所以她开始了撑竿跳高"门外汉"的生涯。最初,她连怎样握竿、怎样起跳都弄不清楚,往往撑竿还没有直立起来,人就重重地摔倒在垫子上。一次次的摔倒和失败,让小姑娘十分伤心,泪流满面。

幸运的是,这个倔强的女孩确实具备运动天赋,领悟能力极强,且不怕吃苦,所以进步十分迅速。改练撑竿跳6个月后,伊辛巴耶娃便脱颖而出:她初登赛场即崭露头角,夺得了全国青年冠军。

伊辛巴耶娃17岁首次获得世界大赛女子撑竿跳高金牌之后,便在国际赛场上高歌猛进。她不仅成为世界田径史上第一个飞越5米大关的女子撑竿跳高运动员,而且一次次飞跃世界纪录——也是她自己的纪录。2016年退役前,她一直是女子撑竿跳高领域的领军人物。

Highlights
我的今天

全国国家安全教育日

人生最大的快乐不在于占有什么,而在于追求什么的过程中。

弗雷德里克·班廷
Frederick Banting,1891.11.14—1941.2.21 | 加拿大杰出的医学家,因发现胰岛素获 1923 年诺贝尔生理学或医学奖。

History

历史上的今天

1921 年 4 月 15 日:加拿大医生班廷发现胰岛素。

 榜样力量

班廷：从艺术生到诺贝尔奖得主

班廷是个运气不太好的年轻人，唯一值得一提的就是考入了多伦多大学艺术专业。然而，经历了无数次挂科之后，班廷也不再坚持，申请转入医学专业。第一次世界大战爆发后，他两次申请入伍做军医，最终如愿。

战争结束后，班廷荣获十字勋章，并打算以此为招牌行医。他自己开了一个诊所，但开业了 28 天才等来第一位顾客。迫于生计，他找了一份在大学当实验示范教员的工作。正是这个决定，改变了糖尿病人的命运。

28 岁的班廷在备课时，担心学生问到关于胰脏功能和糖代谢的细节问题，于是翻阅文献。其中一篇论文促使他托人联系上当时的糖尿病权威麦克劳德教授，他希望能得到麦克劳德的帮助。

出于校友的情分，麦克劳德允许班廷在暑假借用自己的实验室。在一连串的失败实验中，暑假很快就过去了。最终，他把狗萎缩的胰脏制成了提取液，然后注入摘除了胰脏的糖尿病狗体内，观察其血糖和尿糖的变化。结果这些狗的血糖恢复到了正常的水平，停止注射后又再次发病。

1923 年，诺贝尔生理学或医学奖颁给胰岛素这一伟大的发现。为了纪念这个落魄的本科医科毕业生，联合国决议，自 2007 年起将班廷的生日定为"世界糖尿病日"。

Highlights
我的今天 ✏

4月16日 16 星期____

在绝境里继续抱有希望的人，比别人更接近星光灿烂彩虹高挂的天堂。

尤金·奥尼尔
Eugene O'Neill，1888.10.16—1953.11.27 | 美国著名剧作家，1936年诺贝尔文学奖得主，代表作品有《毛猿》《一只狗的遗嘱》等。

History
历史上的今天
1992年4月16日：我国首次派出联合国维和人员。

▲ 贵州大学校门　©rheins

名校速览

贵州大学

`211 院校`　`部省合建`　`双一流建设高校`

创办时间：1902 年
地理坐标：贵州贵阳
校 庆 日：9 月 8 日
校　　训：明德至善，博学笃行
一流学科：植物保护

　　贵州大学简称"贵大"，历经贵州大学堂、省立贵州大学、国立贵州农工学院、国立贵州大学等时期，1950 年 10 月定名为贵州大学，校名为毛主席亲笔题写。

　　贵大也曾"支援"好几所重点大学。1953 年全国高校院系调整，贵大部分工科专业并入重庆大学，农学类并入西南农业大学，外文系调入四川大学，工学院各系调入云南大学，法学系调入西南政法学院，经济系调入西南财经学院。现在，贵大为贵州省唯一的 211 工程院校，实力是不错的，是浙江大学对口合作建设高校。

Highlights
我的今天 ✏

不要叹息已消尽的年华,必须正视匆匆溜走的时光。

贝托尔特·布莱希特
Bertholt Brecht, 1898.2.10—1956.8.14 | 德国戏剧家、诗人,代表作品有《三文钱的歌剧》《四川好人》。

History
历史上的今天

1888 年 4 月 17 日:英格兰足球协会创立英格兰足球联赛,成为世界上最早的职业足球联赛。

高效学习
状元学习法

2017 年山东省理科状元马国庆
（总分 713 分，数学满分）

错题集的积累很重要，错题和不会的知识点都在里面，试卷上错的内容直接剪切到错题集上，所有前期付出的努力，在后期会得到很大的回报。

2017 年山东省文科状元田竞爽
（总分 670 分）

不管什么时候，一定要跟紧老师的步伐，把基础知识学扎实。再就是心态要好，尤其是平时考试、测验较为频繁的高三，注意不要被平时的考试左右情绪。

Highlights
我的今天

国际古迹遗址日

人的生命似洪水奔流,不遇着岛屿和暗礁,难以激起美丽的浪花。

奥斯特洛夫斯基
Ostrovsky,1904.9.29—1936.12.22 | 苏联作家,16岁在战斗中负重伤,23岁时全身瘫痪,24岁时双目失明,代表作品有《钢铁是怎样炼成的》。

History
历史上的今天
2014年4月18日:美国国家航空航天局首次在太阳系外发现类地行星(kepler-186f)。

▲ 海南大学东门　　©Zhangmoon618

名校速览

海南大学

`211 院校　部省合建　双一流建设高校`

创办时间：1958 年
地理坐标：海南海口、儋州
校 庆 日：10 月 18 日
校　　训：海纳百川，大道致远
一流学科：作物学

　　海南大学简称"海大"，由华南热带农业大学与原海南大学合并组建而成。

　　海大录取分数不算高，还有成片椰林，空气清新，气候宜人，想想就很美……

Highlights
我的今天

距我的高考仅 **049** 天

4月19日 ㉙ 星期____

人的脆弱和坚强都超乎自己的想象。有时，我们可能脆弱得一句话就泪流满面，有时，也发现自己咬着牙走了很长的路。

居伊·莫泊桑
Guy Maupassant, 1850.8.5—1893.7.6 | 法国著名作家、短篇小说之王，代表作品有《羊脂球》《项链》等。

History
历史上的今天
2021年4月19日：美国的"机智号"无人直升机于火星完成首飞。

✓ 一周计划

好的计划是成功的坚实基础。

计划	核查
计划完成的事项	☐ ☐ ☐ ☐ ☐ ☐ ☐
计划开启的事项	☐ ☐ ☐ ☐ ☐ ☐ ☐

联合国中文日

生活就是在黑暗中的长期拼搏。

卢克莱修
Lucretius,约前99—约前55 | 古罗马诗人、哲学家,以哲理长诗《物性论》著称于世。

History
历史上的今天
1994年4月20日:我国正式进入互联网时代。

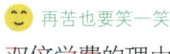 再苦也要笑一笑

双倍学费的理由

 学生 老师,我想在您门下学演讲术。我……老师,我一开口就停不下来。

我可以收你。不过你要付双倍学费。 苏格拉底

 学生 为什么要收我双倍学费啊?

因为我除了教你如何演讲,还得教你如何闭嘴。 苏格拉底

Highlights
我的今天 ✏

世界创意和创新日

如果我们有勇气去追求,我们所有的梦想都可以成为现实。

华特·迪士尼
Walt Disney,1901.12.5—1966.12.15 | 迪士尼公司的创始人之一,全球著名的电影制片人、导演。

History
历史上的今天
2009 年 4 月 21 日:世界数字图书馆网站正式启用。

 榜样力量

华特·迪士尼：从落魄漫画家到奥斯卡奖第一人

华特·迪士尼做过报童、售货员、邮局发件员，还曾为加入美国红十字会投身"一战"而谎报年龄。在校期间，他的成绩并不优秀。因为早起送报的缘故，他上课常打瞌睡。

16岁时，他进入芝加哥艺术学院接受绘画培训，18岁时正式以漫画家为职业。但他的画稿被拒，无人赏识，他甚至还被当作临时工克扣工资。父亲也不支持他的梦想。

面对社会与家庭的压力，华特依旧没有放弃。1923年7月，口袋里仅剩40美元的华特买了一张前往好莱坞的头等车票，离开了堪萨斯，朝着自己的动画导演梦想进发。

1934年，华特着手自己的第一部动画长片《白雪公主和七个小矮人》。然而，耗时4年的作品并不被外界看好，就连妻子和哥哥都想说服他收手，保守的好莱坞大佬们更将这部80分钟的动画片称为"迪士尼蠢事"，当时迪士尼合作的发行商也撂了挑子。

好在影片得以正式登陆全美院线，以350万美元的本土成绩成为年度票房冠军，最终全球票房达784万美元，成了当时卖座的有声电影。

由此，华特成了举世瞩目的动画大师，第11届奥斯卡颁给他一座全比例小金人和七座大小递减的小金人，以此来表彰他对电影工业与娱乐产业的革命性突破。此后，他一发不可收，成为史上荣获奥斯卡奖项最多的人。

Highlights
我的今天

世界地球日

如果一朵花很美,那么我就有理由活下去。

川端康成
1899.6.14—1972.4.16 | 日本作家,1968 年获诺贝尔文学奖,代表作品有《雪国》《千只鹤》。

History
历史上的今天
1958 年 4 月 22 日:人民英雄纪念碑在天安门广场建成。

名校速览

宁夏大学

`211院校　部省合建　双一流建设高校`

创办时间：1958 年
地理坐标：宁夏银川
校 庆 日：9 月 15 日
校　　训：尚德，勤学，求是，创新
一流学科：化学工程与技术

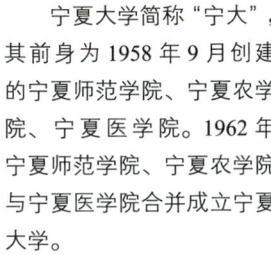

宁夏大学简称"宁大"，其前身为 1958 年 9 月创建的宁夏师范学院、宁夏农学院、宁夏医学院。1962 年宁夏师范学院、宁夏农学院与宁夏医学院合并成立宁夏大学。

由于地理位置的原因，宁大的录取分数在 211 工程院校里是比较低的，所以适合第一批刚上线的同学报考。如果你 4 年认真学习，宁大一定不会辜负你的努力。

Highlights
我的今天

距我的高考仅

0 4 5 天

4月23日 23 星期____

世界读书日

我每晚的比赛都尽全力,我如果没有百分之百尽力,我会责怪我自己。

勒布朗·詹姆斯
LeBron James, 1984.12.30— | 美国职业篮球运动员,场上位置为小前锋,绰号"小皇帝",是联盟史上首位实现33000分、9000篮板、9000助攻的球员。

History

历史上的今天

1564年4月23日:莎士比亚诞辰。

▲ 詹姆斯、米歇尔·奥巴马、韦德发表"Let's Move!"公共服务声明

榜样力量

勒布朗·詹姆斯:从穷困少年到篮球"皇帝"

母亲16岁那年生下了勒布朗·詹姆斯,并独自抚养他长大,可想而知二人的生活有多艰难。小学四年级时,詹姆斯不愿意去上学,连续近三个月翘课。他这样写道:

外婆的房子年久失修,水管和电路都老化了,而修一栋老房子需要大笔的钱,我们没有钱。后来,政府贴出了驱逐通告。最终妈妈没能保住房子,我们的家被夷为平地,颠沛流离的生活开始了。5岁到8岁的那几年,我搬过12次家。可埋怨没有任何意义,只会增加母亲的负担,事实上她已经为此感到愧疚。更何况我向来不是一个喜欢抱怨的人。所以当形势所迫的时候,我只是背上我的小背包,那里头装着我所有的家当,然后默默地对自己重复那句话:"该走了。"在这样的环境下成长,会让你心怀信念:我要像个男子汉那样撑过去,我要活下去。

Highlights
我的今天 🖊

中国航天日

蛇是在蜕皮中长大,金是在沙砾中淘出,按摩是疼痛后的舒服,春天是走过冬天的繁荣。

贾平凹
1952.2.21— | 当代著名作家,代表作品有《废都》《秦腔》等。

History
历史上的今天
1970年4月24日:我国成功发射了第一颗人造地球卫星——"东方红一号"。

🎓 高效学习

状元学习法

2017 年江苏省理科状元潘慰慈
（总分 443 分）

> 我有个习惯，会定期对自己所学知识进行归类整理并进行课外延伸，这能让学习更有深度和广度。

2017 年江苏省文科状元李天宇
（总分 428 分）

> 考试时只想着把题做完做好，规避平时容易犯的错误，不要去想自己能取得什么样的成绩。

Highlights
我的今天 ✏️

4月25日 25 星期____

我必须跟随着我所看见的光明，走我自己的路。

艾捷尔·伏尼契
Ethel Voynich, 1864.5.11—1960.7.27 | 爱尔兰小说家，代表作品有《牛虻》。

History
历史上的今天
1953年4月25日：詹姆斯·沃森和弗朗西斯·克里克在论文中提出 DNA 的双螺旋结构。

名校速览
合肥工业大学

211 院校 教育部直属 双一流建设高校

创办时间：1945 年
地理坐标：安徽合肥
校 庆 日：10 月 7 日
校　　训：厚德，笃学，崇实，尚新
一流学科：管理科学与工程

　　合肥工业大学简称"合工大"，源于抗战胜利后安徽省国民政府教育厅组建成立的安徽省立蚌埠工业职业学校，1960 年被批准为全国重点大学。

　　合工大创造了中国第一台微型计算机、第一台三相异步电机、第一个科技防雷系统等。

　　"学在科大，吃在工大"，合工大的食堂号称"华东地区第一食堂"，据说在合工大食堂连续吃两个月，菜品都可以不重样。

Highlights
我的今天

4月26日 26 星期 ____

世界知识产权日

人生并非游戏,因此,我们并没有权利只凭自己的意愿放弃它。

列夫·托尔斯泰
Lev Tolstoy,1828.9.9—1910.11.20 | 俄国小说家、哲学家、教育改革家,代表作品有《战争与和平》《安娜·卡列尼娜》《复活》。

History
历史上的今天
2017年4月26日:我国首艘国产航母在大连正式下水。

✅ 一周计划

好的计划是成功的坚实基础。

计划	核查
计划完成的事项	☐ ☐ ☐ ☐ ☐ ☐ ☐
计划开启的事项	☐ ☐ ☐ ☐ ☐ ☐ ☐

想要在人生竞技场留下的人,只有不怕创伤去搏斗。

芥川龙之介
1892.3.1—1927.7.24 | 日本知名小说家,代表作品有《竹林中》《罗生门》。

History
历史上的今天

1903 年 4 月 27 日:我国最早的工科大学——天津北洋大学开学,此为天津大学的前身。

 再苦也要笑一笑

巧妙的回答

 富二代：打扰一下，请问阁下的父亲是不是木匠？

不错，您说得很对。 诗人英瑞

 富二代：那他为什么没把你培养成木匠？

阁下的父亲想必是绅士了？ 诗人英瑞

 富二代：那当然！

那他怎么没把你培养成绅士呢？ 诗人英瑞

Highlights
我的今天 ✏

距我的高考仅 **040** 天

4月28日 (28) 星期____

我不会不相信未来,也不会畏惧前方。我们的挑战固然十分强大,但我们的意志更强大。

乔治·赫伯特·沃克·布什
George Herbert Walker Bush,1924.6.12—2018.11.30 | 常被称为老布什,美国第41任总统。

History
历史上的今天
1998年4月28日:电视剧《还珠格格》首播。

榜样力量

老布什：总统就职演说（节选）

我们的挑战固然十分强大，但我们的意志更强大；而且，如果说我们的缺点没完没了，上帝之爱则更是无边无际。

有人把领导艺术比作一出大戏，比作召唤人们行动的号角。有时确实如此。

但在我看来，历史乃是一部有着许多篇页的书，每一天我们都要用充满希望和富有意义的行动写下一页。

清风徐徐吹拂，历史的一页已经翻动，故事也就此

展开了。因此，今天就是一章的开头，这个故事虽小但却十分庄严，它是一个团结一致、多样并存和宽宏大量的故事，是一个我们共同分享和一起写下的故事。

Highlights
我的今天

距我的高考仅

0 3 9 天

4月29日 29 星期____

世界舞蹈日

没什么比信仰更能支撑我们度过艰难时光了。

《纸牌屋》
美国一部政治权谋题材的电视连续剧,首部获得艾美奖提名的网络电视剧集。

History
历史上的今天
1997年4月29日:第一个全面禁止且彻底销毁一整类大规模杀伤性武器并具有严格核查机制的国际军控条约——《禁止化学武器公约》正式生效。

 名校速览

中国药科大学

211 院校　教育部直属　双一流建设高校

创办时间：1936 年
地理坐标：江苏南京
校 庆 日：11 月 16 日
校　　训：精业济群
一流学科：中药学

　　中国药科大学简称"中国药大"，其前身为始建于 1936 年的国立药学专科学校，这是我国第一所由国家创办的药学高等学府。

　　中国药大校园景色优美，春日里绽放着二月兰、红叶石楠，最迷人的是樱花海，除了一进正门的樱花大道，实验楼后还有樱花苑，而且中国药大的食堂还为樱花节独创了"药大樱花饼"供师生和市民品尝。

　　中医药界一代宗师叶桔泉、著名药物化学家彭司勋、我国生物药显微鉴定奠基人徐国钧等是中国药大的校友。

Highlights
我的今天

距我的高考仅

038 天

4 月 30 日 30 星期 ____

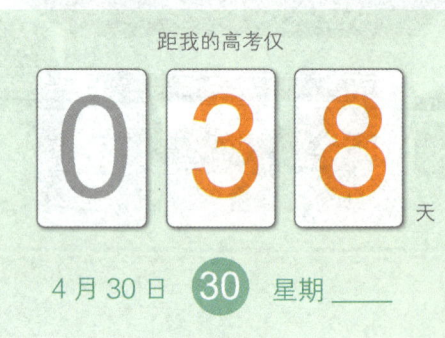

国际不打小孩日

鼓起勇气吧！苦难一旦达到了顶点，就会马上过去。

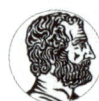

埃斯库罗斯

Aeschylus，前 525—前 456 | 古希腊悲剧诗人，他与索福克勒斯、欧里庇得斯并列为古希腊最伟大的悲剧作家，有“悲剧之父”的美誉，代表作品有《阿伽门农》。

History

历史上的今天

1789 年 4 月 30 日：乔治·华盛顿就任美国第一任总统。

 本月小结

努力,让每一秒都过得有意义。

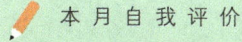 本月自我评价

 本月最有成就感的事

5 月 MAY

沃尔夫冈·歌德

目标越接近，困难越增加。但愿每一个人都像星星一样安详而从容地不断沿着既定的目标走完自己的路程。

本月目标

本月计划

距我的高考仅 **037** 天

5月1日 ① 星期 ___

国际劳动节

以我一生之力，征服我所见的土地。我来，我见，我征服。

盖乌斯·尤利乌斯·恺撒
Gaius Julius Caesar，前 100.7.12—前 44.3.15 | 史称恺撒大帝，罗马帝国的奠基者。

History
历史上的今天
1995 年 5 月 1 日：我国在全国范围内正式开始实行一周双休制。

🎓 高效学习

状元学习法

2018 年浙江省状元张楚衣　　　2017 年浙江省状元王雷捷
（总分 718 分，理综满分）　　　（总分 732 分，理综满分）

在语文方面，我会把老师所讲的内容再理一遍，把每个不同的专题都分类好。

无论是做一道拔高题，还是做一套基础题，都应认真地从头做到尾，即使过程非常简单也不忽略中间的计算过程，直接写出答案。

Highlights
我的今天 ✏️

所有不能打败你的,都将使你更强大。但你不必感谢苦难,你要感谢自己。

奥普拉·温弗瑞
Oprah Winfrey,1954.1.29— | 美国最具影响力的非裔名人之一,入选《时代周刊》"百大人物"次数最多的人。

History
历史上的今天

1997 年 5 月 2 日:43 岁的工党领袖布莱尔成为英国 1812 年以来最年轻的首相。

🏛 名校速览

河海大学

`211 院校　教育部直属　双一流建设高校`

创办时间：1915 年
地理坐标：江苏南京
校 庆 日：10 月 27 日
校　　训：艰苦朴素，实事求是，严格要求，勇于探索
一流学科：水利工程、环境科学与工程

　　河海大学简称"河海"，其前身是 1915 年创建于南京的河海工程专门学校，这是我国第一所培养水利人才的高等学府，被誉为"水利高层次创新创业人才培养的摇篮"和"水利科技创新的重要基地"。

　　2019 年毕业季河海在图书馆前举行了草地音乐节暨毕业歌会。高校为毕业生专门举行大型音乐会，放在全国也是少数。

　　河海图书馆里的旋转楼梯是网红打卡地点，毕业生都会在这里拍照留念。

Highlights
我的今天 ✏️

非淡泊无以明志,非宁静无以致远。夫学须静也,才须学也,非学无以广才,非志无以成学。

诸葛亮
181—234.10.8 | 字孔明,三国时期著名的政治家、军事家和文学家。他的名字几乎是"智谋"的同义词。

History
历史上的今天

1837年5月3日:希腊雅典大学成立,为东地中海地区最古老的大学。

✓ 一周计划

好的计划是成功的坚实基础。

计划	核查
计划完成的事项	☐ ☐ ☐ ☐ ☐ ☐ ☐
计划开启的事项	☐ ☐ ☐ ☐ ☐ ☐ ☐

距我的高考仅 **034** 天

5月4日 ④ 星期____

五四青年节

世上最重要的事,不在于我们在何处,而在我们朝着什么方向走。

戴尔·卡耐基
Dale Carnegie,1888.11.24—1955.11.1 | 美国著名的人际关系学大师,西方现代人际关系教育的奠基人,代表作品有《人性的弱点》。

History
历史上的今天
1979 年 5 月 4 日:撒切尔夫人就任英国首相,成为英国第一位女首相。

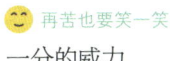 再苦也要笑一笑

一分的威力

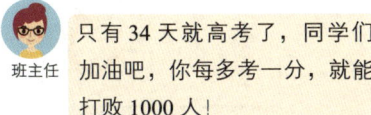

班主任：只有34天就高考了，同学们加油吧，你每多考一分，就能打败1000人！

学生：老师您的意思是只考一分，也能打败1000个人，对吗？

 班主任：你赢了！

Highlights
我的今天 ✏

一个人彻悟的程度,恰等于他所受痛苦的深度。

林语堂
1895.10.10—1976.3.26 | 著名作家、翻译家,代表作品有《京华烟云》《苏东坡传》等。

History
历史上的今天
1997 年 5 月 5 日:科场作弊专用书《五经全注》露面开封。

🎓 高效学习

状元学习法

2017 年上海市状元叶天瑶
（总分 627 分）

> 高考前的最后一个月，我给自己制订了一个"专治粗心"的复习计划。一方面，把数学的所有基础题目和基础概念重新梳理了一遍；另一方面，根据解题的思路，把不同类型的题目归类、整理。

Highlights
我的今天 ✏️

不要失望,甚至对你并不感到失望这一点也不要失望。恰恰在似乎一切都完了的时候,新的力量来临,给你以帮助。

弗朗茨·卡夫卡
Franz Kafka,1883.7.3—1924.6.3 | 德语小说家,代表作品有《审判》《城堡》。

History
历史上的今天
1840年5月6日:世界上第一批邮票开始使用。

▲ 江南大学校门　©天王星

 名校速览

江南大学

211 院校　教育部直属　双一流建设高校

创办时间：1958 年
地理坐标：江苏无锡
校 庆 日：11 月 17 日
校　　训：笃学尚行，止于至善
一流学科：轻工技术与工程、食品科学与工程

　　江南大学源于 1902 年创建的三江师范学堂，历经国立中央大学、南京大学等发展时期，2001 年组建江南大学。江南大学被誉为"轻工高等教育明珠"。

　　江南大学水域面积有 400 亩，全校园一共有 35 座桥，其中斜坡的曲水桥成了校园著名景点之一。

Highlights
我的今天 ✏

不到没有退路之时,你永远不会知道自己有多强大。

鲍勃·马利
Bob Marley,1945.2.6—1981.5.11 | 牙买加创作歌手、雷鬼乐鼻祖,至今仍被牙买加国民视为民族英雄。

History
历史上的今天
1945 年 5 月 7 日:德国宣布无条件投降。

榜样力量
斯塔福德：徒步走完亚马孙河

斯塔福德决定从亚马孙河源头出发，徒步走完亚马孙河，他把自己的行为视为"耐力远征"。开始这次长途跋涉时，有一位英国朋友和他一起，但3个月后这位朋友退出了。他历时859天，行走了近一万千米，最终抵达亚马孙河的入海口。

到达终点时，他跳进大海，与见到的每一个人拥抱，两年多跋涉的劳累似乎烟消云散。而几小时前，他曾在离终点不远处筋疲力尽，瘫倒在路边。

斯塔福德成为全球徒步走完整条亚马孙河的第一人。在接受美联社记者采访时，他感慨道："难以相信我已到这里，这证明了，只要愿望足够强烈，你可以做到任何事。"

Highlights
我的今天

距我的高考仅 **030** 天

5月8日 ⑧ 星期 ____

世界红十字日

当你微笑的时候,你会发现生活还是值得坚持下去的。

查理·卓别林

Charlie Chaplin,1889.4.16—1977.12.25 | 英国著名喜剧演员,奠定了现代喜剧电影的基础。他戴着圆顶硬礼帽、穿着礼服的模样,几乎成了喜剧电影的重要标志。

History
历史上的今天

1794年5月8日:在法国大革命期间,化学家拉瓦锡因税务官的职务而被送上断头台处死。

30 天冲刺表

1st day	2nd day	3rd day	4th day	5th day
6th day	7th day	8th day	9th day	10th day
11th day	12th day	13th day	14th day	15th day
16th day	17th day	18th day	19th day	20th day
21st day	22nd day	23rd day	24th day	25th day
26th day	27th day	28th day	29th day	30th day

起来！别让自己退化成了一条下贱的爬虫。

艾米莉·勃朗特
Emily Bronte，1818.7.30—1848.12.19 | 英国作家，一生只写了一部小说，即世界文学名著《呼啸山庄》。

History
历史上的今天
2006年5月9日：我国当选联合国人权理事会首届成员。

名校速览

西北大学

211院校　部省共建　双一流建设高校

创办时间：1902年
地理坐标：陕西西安
校 庆 日：10月15日
校　　训：公诚勤朴
一流学科：考古学、地质学

　　西北大学简称"西大"，是西北地区历史最为悠久的高等学府，其前身为1902年的陕西大学堂和京师大学堂速成科仕学馆，由清朝光绪皇帝御笔朱批设立，1912年始称西北大学。

　　西大培养了贾平凹、迟子建、张维迎、冯仑等大批杰出人才，被誉为"作家摇篮""中华石油英才之母""经济学家的摇篮"。

Highlights
我的今天 ✏️

距我的高考仅

028 天

5月10日 10 星期____

即使我知道整个世界明天将要毁灭,我今天仍然要种下我的葡萄树。

马丁·路德

Martin Luther,1483.11.10—1546.2.18 | 德国宗教改革运动的发起者。

History
历史上的今天
1949 年 5 月 10 日:德国被分裂为东西两部分。

✓ 一周计划

好的计划是成功的坚实基础。

计划	核查
计划完成的事项	☐ ☐ ☐ ☐ ☐ ☐ ☐
计划开启的事项	☐ ☐ ☐ ☐ ☐ ☐ ☐

距我的高考仅 **027** 天

5月11日 ⑪ 星期____

一个人到了山穷水尽的地步而能够自拔,才不算懦弱!

徐悲鸿
1895.7.19—1953.9.26 | 我国现代美术的奠基者,与颜文樑、林风眠和刘海粟并称美术界"四大校长"。

History
历史上的今天

1901年5月11日:美国汽车俱乐部成员在新泽西超速行驶而被罚款,这是世界上第一起交通罚款。

😊 再苦也要笑一笑

富翁知道自己的价值

英国哲学家、诗人贝恩斯在泰晤士河边看见一个富翁被人从河里救了起来。那个冒着生命危险营救富翁的穷人，竟只得到一个铜圆的报酬。

围观的人被这富翁的吝啬激怒了，要把他再扔到河里去。

这时，贝恩斯立即上前阻止，说："放了这位先生吧，他十分了解自己的价值！"

Highlights
我的今天 ✏

距我的高考仅

026 天

5月12日 (12) 星期 ____

国际护士节、全国防灾减灾日

不要说我是强大之人,我只是很有恒心。

安格拉・默克尔
Angela Merkel,1954.7.17— | 德国历史上首位女性联邦总理,且三连任德国总理。

History
历史上的今天
2008年5月12日:四川汶川发生特大地震。

 高效学习

状元学习法

2017 年黑龙江省理科状元白昊昕
（总分 712 分）

老师讲的课堂例题，一定要听好、记好，每晚回家都要看当天的课堂笔记，每过一周都会重新复习一下，每次大型考试前，再重新看一遍笔记。错题要善于总结，课堂上经典的例题，自己认为重要但不会的题，或者是没有解题思路的题，一定要整理在错题本上，直到看懂学会为止。

2017 年黑龙江省文科状元李雨佳
（总分 648 分）

学习时要重视整理体系，学会画树枝状的知识体系，不断细化知识点为大树添枝加叶，没事就拿出来复习，不断加深记忆。上课紧跟老师，当堂的疑问当堂解决，绝不在学习上留死角。

Highlights
我的今天 ✏️

距我的高考仅

0 2 5 天

5月13日 13 星期 ____

避免失败的最稳当办法,就是下决心获得成功。

孟德斯鸠
Montesquieu,1689.1.18—1755.2.10 | 法国启蒙思想家,西方国家学说和法学理论的奠基人。

History
历史上的今天
1993 年 5 月 13 日:美国宣布"星球大战时代"结束。

名校速览

华中农业大学

`211院校  教育部直属  双一流建设高校`

创办时间：1898 年
地理坐标：湖北武汉
校 庆 日：10 月 2 日
校　　训：勤读力耕，立己达人
一流学科：生物学、园艺学、畜牧学、兽医学、农林经济管理

　　华中农业大学简称"华中农大"，其前身是湖广总督张之洞于 1898 年创办的湖北农务学堂，这是中国高等农业教育起点之一。1952 年，由武汉大学农学院、中山大学农学院、湖北农学院等系科组建成立华中农学院，1985 年更名为华中农业大学。

　　华中农大是武汉市校区面积最大的大学，而且只有一个校区，因为是农业大学，所以常被戏称为皇家种地大学、华中植物园、南湖农垦培训学校等。

Highlights
我的今天 ✏

距我的高考仅

0 2 4 天

5月14日 14 星期 ____

我要继续战斗，我要战斗直至胜利。

玛格丽特·撒切尔
Margaret Thatcher, 1925.10.13—2013.4.8 | 通称"撒切尔夫人"，英国政治家、英国第一位女首相，也是20世纪在任时间最长的英国首相。

History
历史上的今天
1948 年 5 月 14 日：以色列正式宣布建国，这是犹太人 2000 年来第一次建立自己的国家。

▲ 撒切尔夫人曾就读的萨默维尔学院　©Philip Allfrey

 榜样力量

撒切尔夫人：永远争第一的"铁娘子"

撒切尔夫人是英国首位女首相，因行事风格强硬，被誉为"铁娘子"。

她自小就受到严格的家庭教育。父亲常向她灌输这样的观点：无论做什么事情都要力争一流，永远做在别人前面，而不落后于人。即使是坐公共汽车，也要永远坐在第一排。

父亲的不断鼓励使她对自己的口才充满自信。中学时，玛格丽特没有掌握演讲技巧，不受同学欢迎，但她却毫不顾忌，一有机会就上台滔滔不绝地演讲。

有一次，因为她演讲了很长时间，台下时有嘘声，而到后来，听演讲的人都跑光了，她仍把自己想讲的话讲完才停止。

Highlights
我的今天 ✏

距我的高考仅

0 2 3 天

5月15日　15　星期 ____

国际家庭日

难道败局已定，胜利已经无望？不，不能这样说！

夏尔·戴高乐
Charles de Gaulle，1890.11.22—1970.11.9 ｜ 法国军事家、政治家，法兰西第五共和国的创建者。

History
历史上的今天

2021年5月15日：我国的火星探测器"天问一号"所携带的探测车"祝融号"在火星着陆。我国成为继美国后，世界上第二个在火星部署火星车的国家。

高效学习

状元学习法

2017年四川省理科状元黎雨佳
（总分720分，数学满分）

一定要多总结，吃透原理、规律，因为在新的学习情境中，遇到的新题目只是形式不同，命题和解题的原理、方法一样，一旦吃透，就能够举一反三，从容应对。

2017年四川省文科状元涂涴童
（总分668分）

高效学习要注意总结与反思，而反思主要有两个方面：一方面是对学习的反思，主要是在知识和应试技巧两个方面。每次考试之后，看看哪些知识还有漏洞，哪种类型的题自己还不是很熟练。一方面是对自身情况的反思，主要是自己的状态，考试的时候有没有兴奋。

Highlights
我的今天 ✏

我需要每一个人继续英勇地战斗下去!

斯波克

《星际迷航》中的主角,该剧长期角色中的唯一一位外星人,曾任联邦星舰"进取号"舰长。

History
历史上的今天

1975 年 5 月 16 日:日本人田部井淳子登上珠峰,这是女性首次登顶珠峰。

▲ 香港大学本部大楼　　© Ka-Fai,So

名校速览

香港大学

创办时间：1912 年
地理坐标：中国香港
校　　训：明德格物

　　香港大学简称"港大"，是一所国际化公立研究型大学，奠基于 1910 年，1911 年 3 月 30 日注册成立，1912 年 3 月 11 日正式开学，是香港历史最悠久的高等教育机构，是亚洲最具名望的大学之一。

　　孙中山、张爱玲、朱光潜、何鸿燊、黄霑等都是香港大学的校友。

Highlights
我的今天

世界电信日

好花难种不长开，少年易过不重来。

唐伯虎
1470.3.6—1524.1.7 ｜ 明代著名画家、文学家，吴中四才子之一。民间有很多关于唐伯虎的传说，最为人熟悉的是"唐伯虎点秋香"。

History
历史上的今天
1861 年 5 月 17 日：人类历史上第一张彩色照片在苏格兰皇家学院展出。

✓ 一周计划

好的计划是成功的坚实基础。

计划	核查
计划完成的事项	☐ ☐ ☐ ☐ ☐ ☐ ☐
计划开启的事项	☐ ☐ ☐ ☐ ☐ ☐ ☐

国际博物馆日

说不定,时机一到,你就交上好运了!什么事都可能会发生的!

安东·契诃夫
Anton Chekhov,1860.1.29—1904.7.15 | 俄国短篇小说巨匠,代表作品有《变色龙》《六号病房》。

History
历史上的今天
1927 年 5 月 18 日:好莱坞中国剧院开业。

🙂 再苦也要笑一笑

可以上场了

张三丰: 无忌,我教你的还记得多少?

张无忌: 回太师傅,我只记得一大半。

张三丰: 那,现在呢?

张无忌: 已经剩下一小半了。

张三丰: 那,现在呢?

张无忌: 我已经把所有的全忘记了!

张三丰: 你可以上场了。

Highlights
我的今天 ✏

距我的高考仅 **019** 天

5月19日 19 星期____

中国旅游日

不要逃避，坚持下去，面向太阳，你就能找到明天！

《疯狂原始人》
2013年上映的美国3D冒险喜剧动画片，由梦工厂动画制作，是中国东方梦工厂发行的第一部梦工厂动画作品。

History
历史上的今天

1938年5月19日：我国空军首次空袭日本（"纸片轰炸"），此为日本有史以来第一次遭到外国飞机空袭。

高效学习
状元学习法

2018 年海南省理科状元陈霄翔
（总分 938 分）

最后几天的复习，建议弱势学科跟着老师的步骤进行，而强势学科则要抓好基础，不要再刷难题。

2018 年海南省文科状元孙笑涵
（总分 894 分）

把知识列一个提纲，考前可以在脑海当中想象有一张草稿纸，把课本的东西一块一块放进提纲列出来的条目内。这样记忆比较有效，因为这样可以了解到课本到底有什么样的东西。

Highlights
我的今天

世界计量日

让我们面对现实,让我们忠于理想。

切·格瓦拉
Che Guevara,1928.6.14—1967.10.9 | 古巴革命的核心人物之一,他的肖像成为反主流文化的普遍象征、全球流行文化的标志。

History
历史上的今天
1902 年 5 月 20 日:古巴脱离美国,宣布独立。

名校速览

麻省理工学院

创办时间：1861 年
地理坐标：美国马萨诸塞州
校　　训：手脑并用，创造世界（Mind and Hand）

　　向往麻省理工学院的同学，下面这几个问题你可能感兴趣：

● 麻省理工与哈佛大学同在剑桥市，就像清华和北大一文一理同居海淀。所以经常互黑是必然的事。

● 全校学生 1 万多名，以研究生居多，且男女比例相当。

● 本科新生均可在未来 4 年里，入住十多栋本科宿舍中的任意一栋。

● 麻省理工校友创办的公司每年利润总值，相当于全球第十一大经济体，超过澳大利亚和俄罗斯。

Highlights
我的今天 ✏

距我的高考仅 0 1 7 天

5月21日 21 星期____

我一定要比完,我要有始有终。

德里克·雷德蒙德
Derek Redmond, 1965.9.3— | 英国非裔田径运动员,在1992年巴塞罗那奥运会400米半决赛比赛中右腿肌肉撕裂,单腿跳到终点。

History
历史上的今天
1884年5月21日:美国自由女神像安装竣工。

榜样力量

雷德蒙德：没有金牌的冠军

巴塞罗那奥运会男子400米跑半决赛开始了，英国运动员德里克·雷德蒙德取得领先地位。但就在离终点只有175米时，原本铁定能进入决赛的雷德蒙德，体内传来一个不祥的声音，他右大腿肌肉撕裂了。

在跑道上，脸色发白、腿部发抖的雷德蒙德开始用一只脚跳跃，然后他慢了下来，摔倒在跑道上，紧紧抓着自己的右大腿。医务人员冲了过去。雷德蒙德知道自己的奥运奖牌梦想已经终结，但他对医务人员说："我一定要比完，我要有始有终。"

他慢慢爬起来，开始向终点跳去。全场6.5万名观众起立为他欢呼，声音越来越响。每一步都比前一步更痛苦，但雷德蒙德没有放弃，父亲最后冲到跑道上，扶着他走过终点。现场爆发出了热烈的掌声和欢呼声。

雷德蒙德虽然没有赢得比赛，但他的精神却深深感染了每一个人，是名副其实的精神冠军。

Highlights
我的今天

距我的高考仅 016 天

5月22日 22 星期____

勇敢和必胜的信念,常使战斗得以胜利结束。

弗里德里希·恩格斯
Friedrich Engels,1820.11.28—1895.8.5 | 马克思主义创始人之一,全世界无产阶级的伟大导师和领袖。

History
历史上的今天

1960年5月22日:智利发生里氏9.5级大地震,此次地震为历史上震级最高的一次地震,导致5000人死亡,200万人无家可归。

🎓 高效学习

状元学习法

2017 年陕西省理科状元郑书豪
（总分 719 分）

把老师布置的任务都认真完成，不拖拖沓沓，遇到错题、不会的问题就立即找老师，不要害怕，也不要不好意思，认真地将一个个问题解决掉，自然就会有一个好成绩。

2017 年陕西省文科状元向远方
（总分 696 分）

高考前的紧张是会有的，但是高考的时候，只要自己的状态对了，就可以一心一意地钻进试卷里去。

Highlights
我的今天 ✏️

距我的高考仅 015 天

5月23日 23 星期 ____

得失成败尽量置之度外,只求竭尽所能,无愧于心。

傅雷
1908.4.7—1966.9.3 | 著名翻译家、作家、教育家、美术评论家,其代表作品《傅雷家书》影响深远、广为流传。

History
历史上的今天
1928 年 5 月 23 日:"米老鼠"卡通形象诞生。

名校速览

剑桥大学

创办时间：1209 年
地理坐标：英国剑桥市
校　　训：此地乃启蒙之所、智慧之源（Hinc lucem et pocula sacra）

　　剑桥大学历史悠久，因此留下许多有趣的传说。比如，剑桥大学有很多奇奇怪怪的校规：一个学生要在学院住多少个晚上，晚归的时候可以跳墙，但不能不归；学生不能走草地，院士才能走；另外，学生可以不上课，教师必须尊重学生不上课的自由；等等。真是让人意外。

　　剑桥大学有一个名声响亮的学院——三一学院。它是剑桥大学中规模最大、财力最雄厚的学院，大名鼎鼎的牛顿就在这里学习过。在 20 世纪，三一学院获得了 32 个诺贝尔奖和 5 个菲尔兹奖，为剑桥大学各学院中最多者。三一学院的校友包括物理学家牛顿、尼尔斯·玻尔，哲学家路德维希·维特根斯坦、伯特兰·罗素，6 位英国首相，以及许多英国皇室成员。

Highlights
我的今天

距我的高考仅

0 1 4 天

5月24日 24 星期＿＿

不管环境变化到何种地步，只有初衷与希望永不改变的人，才能最终克服困难，抵达目标。

儒勒·凡尔纳

Jules Verne，1828.2.8—1905.3.24 | 法国小说家、科普作家，"科幻小说之父"，代表作品有《海底两万里》《八十天环游地球》。

History

历史上的今天

1844年5月24日：美国发明家塞缪尔·莫尔斯试验成功世界上第一份电报。

✅ 一周计划

好的计划是成功的坚实基础。

计划	核查
计划完成的事项	☐ ☐ ☐ ☐ ☐ ☐ ☐
计划开启的事项	☐ ☐ ☐ ☐ ☐ ☐ ☐

距我的高考仅

0 1 3 天

5月25日 25 星期 ____

大学生心理健康日

一个人可以不相信自己的感觉，但是不能不相信他自己的信念。

路德维希·维特根斯坦

Ludwig Wittgenstein，1889.4.26—1951.4.29 | 奥地利著名犹太裔哲学家。有人怀疑希特勒是因为嫉妒同学维特根斯坦，后来才变得仇恨犹太人。

History

历史上的今天

1960年5月25日：中国登山队首次登上珠穆朗玛峰，开创了人类从北坡登顶的先例。

 再苦也要笑一笑

紧张坏了

 高考越来越临近,你紧张吗?

我不紧张。

 其实高考紧张是正常的。不过只要你相信自己,努力放松,就能考上理想的大学。

哥,你脑子坏了吧,是你高考呢!

Highlights
我的今天 ✏

5月26日 星期___

如果这本书您没看懂,那么,再买一本。

郭德纲
1973.1.18— | 当今最有影响力的相声演员之一,电视脱口秀节目主持人。

History
历史上的今天
1900年5月26日:莫高窟"藏经洞"被发现。

🎓 高效学习
状元学习法

2017 年湖北省理科状元肖雨
（总分 700 分）

> 我在高考的前几天，先是看完了改错本背面的易错点，然后拿出几张大纸，按照各科试卷的结构，一题一题地写出易错点，以及容易出现的题型。

2017 年湖北省文科状元范筱雨
（总分 683 分，数学满分）

> 高三后期，时间不是很多，集中、大量地看以前的错题，可以极大地提高学习效率。

Highlights
我的今天 ✏️

5月27日 27 星期____

假如生命是无趣的,我怕有来生;假如生命是有趣的,今生已是满足的了。

冰心
1900.10.5—1999.2.28 | 著名作家,中学时的志愿是成为医生,所以报考了协和女子大学,晚年被尊称为"文坛祖母"。

History
历史上的今天
1994年5月27日:新的上海大学正式成立。

🏛 名校速览

哈佛大学

创办时间：1636 年
地理坐标：美国马萨诸塞州
校　　训：真理（Veritas）

　　1643 年 12 月 27 日，哈佛大学（当时为哈佛学院）举行了一次会议，这次会议诞生了哈佛大学的校徽。它的主体部分有三本书（两上一下），在上面的两本书上分别印刻有"VE"和"RI"两组字母，而在下面的一本书上则印刻有"TAS"这组字母。三本书的背景则是一个盾牌图案。

　　哈佛大学校史上名人辈出，出过 6 位总统、100 多位诺贝尔奖得主，因此它底气很足，面对任何人都不屈服。比如，哈佛大学曾邀请时任美国总统的里根参加校庆。里根让人带话，问能否送他个荣誉博士的头衔。按理说给他一个荣誉博士算不上什么大问题，可哈佛大学认为他和学术一点都不沾边，还是不送为好。后来，里根也就没来参加校庆。

Highlights
我的今天 ✏

5月28日 28 星期＿＿＿

千淘万漉虽辛苦，吹尽狂沙始到金。

刘禹锡

772—842 ｜唐朝著名诗人，有"诗豪"之称，今存诗800余首，代表作品有《乌衣巷》《陋室铭》。

History
历史上的今天
2008年5月28日：尼泊尔制宪会议宣布废除君主制，成立共和国。

 榜样力量

左宗棠：屡败屡试终如愿

22岁时，左宗棠参加了京城的会试，结果落榜了。两年后再考，结果仅获得誊录的资格。

誊录是从会试落榜考生中选出优秀者，分发到衙门里担任文字工作，按惯例，干上一段时间之后可以得到奖励，给予一个县令的职务，但左宗棠却拒绝了。27岁时，左宗棠第三次参加会试，路过洞庭湖时，即兴写下《题洞庭君祠联》一副："遥遥旅路三千，我原过客；管领重湖八百，君亦书生。"

左宗棠这次会试再度名落孙山。落榜之后，他做出了一个惊人的决定：从此不再进入科场。但63岁时，他向光绪皇帝上了奏折，要求辞去一切职务，参加科举考试。

光绪皇帝接到左宗棠辞官的奏折，没有办法批示，交由慈禧太后处置。慈禧太后也没有处理过这样的事情，交由朝廷大臣讨论。知道内情的大臣认为，左宗棠辞官考科举无非是受不了别人讥讽，又担心无法得到朝廷的封号，朝廷只要开恩赐一功名给他，事情自然迎刃而解。光绪皇帝觉得有理，立马拟了一份圣旨：赏左宗棠进士出身，并升为东阁大学士。

Highlights
我的今天 ✏️

距我的高考仅 **009** 天

5月29日 29 星期 ____

当华美的叶片落尽,生命的脉络才历历可见。

巴勃罗·聂鲁达
Pablo Neruda,1904.7.12—1973.9.23 | 智利著名诗人,1971年诺贝尔文学奖得主,代表作品有《二十首情歌和一首绝望的歌》。

History
历史上的今天

1953年5月29日:埃德蒙·希拉里爵士和尼泊尔人坦辛·诺卡尔首次征服地球最高峰——珠穆朗玛峰。

😊 再苦也要笑一笑

为睡过头的考生惋惜

年年高考这几天都有新闻报道,有考生因为睡过头错过了第一场高考,真替他们感到惋惜。人这一辈子,在家睡觉的机会很多,而参加高考的机会却可能只有一次,为什么不选择进了考场再睡呢?

Highlights
我的今天 ✏️

距我的高考仅 008 天

5月30日 30 星期 ____

一个强者要有三个基本条件：最野蛮的身体、最文明的头脑和不可征服的精神。

罗家伦
1897.12.21—1969.12.25 | 教育家、历史学家，"五四运动"的命名者。

History
历史上的今天
2018 年 5 月 30 日：首个 3D 打印人工角膜问世。

 榜样力量

罗家伦：高考数学零分的清华首任校长

1917年，20岁的罗家伦参加了北大在上海组织的一场自主招生考试。当时，刚刚从美国回来的胡适负责国文阅卷工作。罗家伦的作文成绩是满分，胡适非常赏识他，向学校招生委员会推荐。委员们看完罗家伦的全部成绩单后很头疼，因为他的数学成绩竟然是零分！其他各科成绩也都一般。

最后，主持招生会议的蔡元培校长力排众议，以偏怪之才的定位破格录取了罗家伦。由此，罗家伦得以进入北大，主修外国文学。

蔡元培和胡适的决定是正确的。罗家伦不仅成为"新文化运动"的旗手，1928年，还以北伐少将的身份，被任命为清华大学首任校长，时年31岁。

Highlights
我的今天

世界无烟日

日头没有辜负我们,我们也切莫辜负日头。

沈从文
1902.12.28—1988.5.10 | 著名小说家,代表作品有《边城》。

History
历史上的今天
1931年5月31日:我国第一辆国产汽车诞生。

本月小结

努力，让每一秒都过得有意义。

本月自我评价

本月最有成就感的事

6月 JUNE

汪国真

我不去想，
未来是平坦还是泥泞，
只要热爱生命，
一切，都在意料之中。

本周目标

本周计划

6月1日 ① 星期 ___

国际儿童节、全球父母节

放心吧，你一定可以做得到的。

《千与千寻》
宫崎骏导演的日本动画电影，讲述了一个小女孩误闯神灵世界，之后经历成长的故事。*Time Out* 杂志将它列在史上前十五大动画电影的首位。

History
历史上的今天
1956年6月1日：国务院正式批准成立北京电影学院。

 **榜样力量**

我国第一位和最后一位状元

科举制盛行 1300 多年，共产生了 628 位状元。

第一位科举状元：唐高祖李渊武德四年（622 年），今河北衡水人孙伏伽成为中国科举史上第一位状元。他后来担任过御史、谏议大夫、大理寺卿、陕州刺史等职务。

最后一位科举状元：清光绪三十年（1904 年），刘春霖成了中国科举史上最后一位状元。后曾任直隶高等学堂监督（校长）、中央农事试验场场长、直隶教育厅厅长等职务。他所著小楷帖流传很广，民间有"大楷学颜（真卿）、小楷学刘（春霖）"之说。

Highlights
我的今天

除非我不想赢,否则没有人能让我输!

《海贼王》
日本漫画家尾田荣一郎创作的一部少年漫画作品,讲述了一名少年想要得到"一个大秘宝ONE PIECE",实现成为"海贼王"的梦想而出海向"伟大的航道"航行的海洋冒险故事。

History
历史上的今天
1875年6月2日:加拿大人贝尔和他的助手华生制造出了世界上第一部电话。

🎓 应考方法

状元应考法

2019 年上海市状元孙沁怡
（总分 636 分，数学满分）

> 每逢大考前，我都会把错题集上的题目再做一遍。此外，平时可以做一些难度稍大的题目，等到考试中遇到难度稍低的试题，心里就有底气了。

Highlights
我的今天 ✏️

距我的高考仅 **004** 天

6月3日 ③ 星期____

世界自行车日

拼尽全力，至死方休，这才是战士。

《七龙珠》
日本漫画家鸟山明的冒险漫画，讲述孩子悟空的成长历程。

History
历史上的今天
1994年6月3日：中国工程院在北京成立。

应考方法

清华大学学霸高考绝招（清华大学计算机系葛宏）

考前的状态调整

大多数学校都要放三四天假，在这几天中应该充分地休息，但切记每天都要有一定的时间在学习。可以做一些不太剧烈的运动，这对身心的调节都是有好处的。高考期间的着装一定要是自己感觉最舒适的。

考场的状态调整

进考场后可以闭上眼睛，把要考科目的一些重要的知识点迅速回顾一遍，这样才更容易进入状态。如果过度紧张了，你一定要及时地停下笔，望望窗外，这样状态就能迅速地恢复过来。

Highlights
我的今天

我一定会成为火影。

《火影忍者》
日本漫画家岸本齐史创作的少年漫画,讲述主角漩涡鸣人与伙伴的友情、背叛与复仇,师生与家族的故事。

History
历史上的今天
2002 年 6 月 4 日:中国足球队首次出战世界杯决赛圈。

应考方法

北京大学学霸高考绝招（北京大学法学院陈珍）

成绩一般的同学

按照题号的顺序审题，会一道就先做一道，不会的题目先跳过去，继续往下答，直到把题目过一遍。按照这个方法，把第一遍没做出来的题再过一遍。会的全做完后，如果还有时间，则集中精力去突破最后的难题。这种答题方法是比较稳妥的。

成绩较好的同学

拿到考卷后，先把所有的题目从头到尾看一遍，再把答题的时间大致分配一下，然后先做容易的题目，之后再做较难的题目，最后再做难题，直到把题全部做完。这样一开始就对试卷有个全面的了解，能够比较科学地分配好答题时间，对考试结果也能初步做出估计。

Highlights
我的今天

距我的高考仅 **002** 天

6月5日 5 星期 ___

世界环境日

现在放弃，就等于比赛提前结束。

《灌篮高手》
日本漫画家井上雄彦以高中篮球为题材的漫画作品，讲述樱木因其潜质加上不服输精神，飞速进步，渐成高中篮球队不可缺的主力球员的故事。

History
历史上的今天

1947年6月5日：美国国务卿马歇尔提出美国将帮助欧洲进行战后重建的计划。

应考方法

高考名师作文高分绝招（北京市教育学会语文教学研究会常务理事王大绩）

主题方面
最明智的就是要把你美好的形象展示出来，最方便的方式就是发现和赞颂生活中的美好，描写和赞扬生活中的美好。千万不要做自我检讨，写自己龌龊的、不堪的一面。

选材方面
不要写出阅卷老师不喜欢的一个方面，例如消极、颓唐、灰暗，甚至一些政治上有问题的，这些都是很不理智的做法。

Highlights
我的今天

全国爱眼日

即使一瘸一拐,也要爬上山顶。

《楚门的世界》
一部于 1998 年上映的美国科幻喜剧电影,由彼得·威尔执导,金·凯瑞、劳拉·琳尼及艾德·哈里斯等主演。

History
历史上的今天

1909 年 6 月 6 日:大连海事大学前身邮传部上海高等实业学堂船政科设立。

应考方法
高考前的忠告

明天就高考了,给你最温馨的提示:
① 反复检查文具;
② 正确填涂答题卡;
③ 你的闹钟要调好;
④ 也许你会紧张但一定要冷静;
⑤ 能做的一定要先做;
⑥ 考试之前在座位上闭目养神;
⑦ 上午考试完后睡个午觉;
⑧ 前 7 条第一个字连起来才是给你的忠告!

Highlights
我的今天 ✏

6月7日
◀◀ 全国高考第 1 天 ▶▶

真正的比赛,现在才开始。

《足球小将》

放手一搏

6月8日

◂◂ 全国高考第 2 天 ▸▸

这是我的战斗，荣耀到最后。

《变形金刚 4》

「勇者无敌」

志愿无忧

- 老师,志愿填报时要注意些什么?
- 首先,你要按照省考试院公布的填报志愿时间上网填报志愿。错过填报时间,将不能再进行志愿填报。
- 老师,一到公布的填报时间我就上去填的,可一直打不开。
- 填报第一天可能网络堵塞。你可错锋另选时间填报;截止时间前都可填报志愿。
- 老师,首次登录填报志愿系统时要注意什么?
- 要核对联系方式,确保通知书能寄到你手上。有些是统一寄到自己的母校,这要确定好。
- 老师,还有什么要注意的?
- 要仔细查看核对你的体检、报名、照片、照顾特征等信息是否正确,如有问题请及时和区县招生考试机构联系。另外,最重要的是,一定要保管好你填报志愿的账号和密码,避免密码外泄或者忘记密码。每年都有报道因密码外泄导致志愿被篡改的事件。
- 老师,如果我忘记了登录密码怎么办?
- 不要紧张,你可以通过报名时设置的手机号或者邮箱找回。
- 老师,我填错了怎么办?能删吗?
- 填错了可以删。某一院校志愿删除后,同批次后续志愿将自动依次递补。
- 老师,还有什么需要注意的吗?
- 填完后要复查填报情况:检查几个类别的志愿表是否都填报完成;检查各批次志愿是否都填报成功;检查院校和专业是否是自己确定的志愿。

- 老师,什么是专业级差?
- 这是指录取非第一专业志愿时的分数差额。
- 老师,我没懂,能再说说吗?

🙂 我们举个例子吧。某大学规定专业级差为5分，院校在分配专业时，将第二专业志愿考生的成绩减去5分，将第三专业志愿考生的成绩减去10分……然后，再根据考生的排序决定录取与否。

🙂 这太可怕了😭

🙂 不过目前都采用平行志愿，大多数院校已经没有志愿级差。

🙂 吓死宝宝啦😎

🙂 老师，文理兼收是什么意思？

🙂 某些大学的招生计划中有些专业文科、理科考生都可以报考。

🙂 老师，这种文理兼收专业会不会相互挤占名额，使专业竞争更激烈呢？

🙂 不会的，每个专业文、理科招生计划都是定好的，不会出现相互挤占名额的情况。

🙂 老师，填报志愿有哪些坑啊？

🙂 一门心思奔名校；

盲目追求热门专业；

不服从调剂；

不知道在何地、何处（是否校本部）上学；

平行志愿或非平行志愿没有梯度；

只看发达地区的院校而忽视西部院校；

不了解院校属性与专业的特殊要求；

不知院校志愿分数级差；

不知报考非第一志愿的前提条件；

志愿由父母、老师包办。

🙂 就没有一块平坦的地啊。

🙂 老师，我要如何处理就业和兴趣的关系？

🙂 建议优先选择名校。

🙂 老师，如果被名校不喜欢的专业录取怎么办？

🙂 其实很多考生是上了两年大学后才知道自己的兴趣所在。

🙂 老师，如果我报考的不是名校呢，该如何选择？

🙂 不是名校时优先考虑就业，专业和学校在所在城市的就业机会要充分考虑。个人建议，不喜勿喷啊。

- 🧑 老师，选择专业有什么坑吗？
- 👩 只追热门而不考虑兴趣；

  只看专业而不看学校的专业竞争力；

  只看专业名称而不了解具体定义；

  只看专业不衡量自己的成绩。
- 🧑 全中了😱

- 👩 老师，网上修改志愿有什么注意事项？
- 👩 修改志愿之前，要重新填写志愿草表，然后和网报志愿逐个对比。

  删除网上需要修改的志愿，然后重新输入草表上的志愿。

  核对志愿的院校代码和专业代码，这非常重要。

  不要多次上网修改志愿。

  修改后最好再次点击"查询志愿"，复核修改的志愿是否准确。

  不要集中在网报截止前一两个小时修改志愿。
- 👩 老师，我要不要"服从调剂录取"？
- 👩 根据你的情况：填写了"服从"，可以增加被录取的机会。
- 👩 这是不是有可能被录取到我不满意的专业？
- 👩 是的。如果填写"不服从"，就意味着学校只考虑你所填报的几个专业，所报的专业不满足录取要求时，将会作退档处理。

- 👩 老师，对复读生参加高考有没有特殊规定？
- 👩 除军事院校、武警院校、国防生、大部分高校保送生、自主招生以及部分院校（专业）明确规定不招收复读生外，其他院校对复读生一般没有限制。

- 🧑 老师，什么是独立学院？
- 👩 什么是独立，就是要靠自己才能生存啊。一般都是民办的。
- 🧑 老师，那是不是学费很贵啊？
- 👩 没办法，得养活那么多人啊。
- 🧑 老师，那毕业证书、学位证书和本部是一样的吗？
- 👩 差不多，一般人看不出来。要署名独立学院学校全称，诸如：加州大学（伯克利分校）——这个稍有点不同，这是公立的。
- 🧑 老师，国家承认吗？

- 承认的。

- 老师，我考上大学后要缴费吗？
- 普通高等教育属非义务教育，学生入学后均需缴纳一定的费用。
- 老师，一般要缴哪些费用？
- 一般有学费、住宿费、书本费等，具体类型和金额，以收到录取通知书时的通知为准。
- 老师，有不缴费的大学吗？
- 有啊，提前录取的军事院校。
- 还有吗？
- 成为教育部直属的六所师范大学的公费师范生。
- 是哪六所啊？
- 北京师范大学、华东师范大学、东北师范大学、华中师范大学、陕西师范大学、西南大学。
- 有什么要求吗？
- 分数达到录取要求。
- 就这么简单？
- 对啊，不光免缴学费、住宿费，每月还有补助生活费。
- 我的妈呀，必须去。城市套路深，毕业正好回农村。

- 老师，您如何看待热门专业？
- 专业就像水，太热了可能会烫伤人，而且过段时间会变冷。
- 老师的意思是，选择专业时我不要追求热门专业啦。
- 还是根据自己的兴趣吧。如果你喜欢这个专业，而且也基本能考上，当然没问题啊。
- 老师，我成绩一般，如何选择？
- 如果你想读热门专业，你可以适当降低院校档次或批次；如果你不想降低院校档次或批次，你可以适当偏离热门，甚至选择冷门专业，读一所理想的大学。
- 谢谢老师，我知道了，但还是没办法选择。(哭)

- 老师，我什么时候知道高校招生计划？
- 一般在4月中下旬至5月初相关平台有信息发布。

🙋 老师，能告诉有哪些平台吗？

👨‍🏫 教育部开设的"阳光高考"信息平台，这里可查询各所高校各专业的招生计划。码上看：

🙋 还有吗？

👨‍🏫 也可以去大学官网查看招生信息，有些大学会提前公布招生来源计划。

🙋 谢谢老师。

🙋 老师，招生计划中"限招英语"是什么意思？

👨‍🏫 就是只招收高考外语考试语种为英语的考生，高考时考俄语、日语、法语、德语、西班牙语的考生不能填报相应的院校（专业）。

🙋 我还以为全民学英语呢。

🙋 申し訳ありませんが、何を言っています。（你在说什么？）

🙋 Qu'est-ce que tu dis？（你在说什么？）

🙋 ……

🙋 老师，什么是定向就业招生志愿？

👨‍🏫 就是毕业了只能去特殊地区或特殊行业就业。

🙋 一般是去哪些地区，有哪些行业？

👨‍🏫 艰苦地区、艰苦行业，或军工、国防等国家重点建设项目。

🙋 报考这些专业，可享受什么条件啊？

👨‍🏫 就业不用愁啊，而且还可能享受20分的优惠政策。

天哪，一分干掉千人，有这20分，相当于省内排名提高了2万名。别拦我，谁拦我跟谁急！就是火坑我也要跳。

🙋 老师，有些大学招收的"实验班"是什么？

👨‍🏫 大学的一种人才培养模式，就是实验班学生进入大学后前两年不细分专业，两年后再根据自己的兴趣特长选专业。

🙋 这么好啊。我要怎么才能报考呢？

👨‍🏫 和高中实验班差不多，择优录取。一般都排在高校录取分数线最高的专业之上。

🙋 还有其他要求吗？

- 有的大学实验班只招收第一志愿的考生。有的高校对考生有总分或单科成绩要求。
- 还有吗?
- 最好经济基础也比较好,因为实验班大都包括了中外交流的内容。
- 算了,不做小白鼠。(自我安慰)

- 老师,我要怎么才能成为高考保送生?
- 获省级优秀学生;
  获全国中学生学科奥林匹克竞赛全国决赛三等奖及以上;
  获全国中学生学科奥林匹克竞赛省赛区竞赛一等奖;
  获全国青少年科技创新大赛(含全国青少年生物和环境科学实践活动)或"明天小小科学家"奖励活动或全国中小学电脑制作活动二等奖及以上;
  在国际科学与工程大奖赛或国际环境科研项目奥林匹克竞赛中获奖;
  符合公安部、教育部保送条件的公安英烈子女;
  获全国体育比赛前三名、亚洲体育比赛前六名、世界体育比赛前八名和获得球类集体项目运动健将、田径项目运动健将、武术项目武英级和其他项目国际级运动健将称号的退役运动员。
- 老师,您别说了,我还是赶紧去复习吧。

- 老师,我如何通过自主招生进大学?
- 你可以向试点高校提出申请,或者你所在的中学实名提供推荐材料并通过审核。
- 审核通过了就不用高考了吗?
- 你入选了要参加高考,达到相应要求后,再进行笔试和面试。笔试不超过两门,笔试和面试全程录像。这两个考试都通过了,可得到 5~20 分,最多不超过 60 分的录取政策优惠……
- 老师,您慢慢说啊,我还是先去复习吧。

- 老师,我同学通过了高校专项计划招生,我能吗?
- 你是农村学生吗?你父母是农村户籍吗?你的户籍一直在当

地并且这三年都在县高中就读吗?
我要回农村!

老师,保送生与自主招生有什么不同?
保送生的申请条件由教育部统一规定,很严格;而自主招生则由各高校确定,相对容易一点。
这个好理解。
经省级招生办审核录取的保送生免于参加高考;而自主招生的考生必须参加高考,仅在录取时一般可增加 20~30 分提档或者增加一定分数进行专业录取。

老师,提前批次有哪些大学啊?
军事院校、武警院校、公安院校、公费师范生、部分院校的小语种专业、国防生、特殊类院校如艺术类体育类院校。
报这类大学成绩有什么要求?
没有具体的成绩要求,一般成绩全省排名中等以上的考生比较适合填报提前批次的院校。
填报这些院校需要注意什么?
比如考军校需要政审、军检和面试,如果错过了就没有报考资格了。具体以省教育考试院发布的招生计划为准。
提前批次错过了或是没被录取,会影响第一批次的录取吗?
不影响,可以放心填报。但是,如果你被提前批次的院校录取,就不能参加第一批次的录取。

老师,录取有几个批次啊?
除了提前批次外,还有四个批次。
那四个批次的大学是按什么顺序排的?
第一批次,即所谓的"一本",主要为以前的"985工程""211工程"院校,即现在的双一流院校、一流学科建设院校,部委直属全国重点院校以及当地省级招生办同意安排在第一批次录取的院校或专业。
第二批次,即所谓的"二本",主要是除第一批次院校以外的普通本科院校。
第三批次,即所谓的"三本",主要是独立学院的本科及民办院校的本科。

第四批次，即专科专业或院校，以及高等职业技术学院。

- 老师，我要填报后续批次志愿吗？
- 不填报志愿，就等于放弃参与录取的资格。
- 老师，填了有什么好处？听说同一批次一般只录第一志愿。
- 录取是按志愿分批次进行的，如果第一志愿落选，只要第二志愿填报恰当，还是有录取机会的。我一个朋友当年就是第二志愿录进了一所教育部直属师范大学，而他们宿舍四个人，有三个都是被第二志愿录取的。
- 运气真好！
- 不放弃就有机会。

- 老师，填报志愿要注意哪些分数线？
- 要注意以下四条分数线。第一条：批次线。
- 老师，什么叫批次线？
- 文理科、艺考类或体育类各批次录取控制分数线。
- 那第二条分数线呢？
- 第二条：提档线。
- 老师，能讲讲这是什么意思吗？
- 就是大学的投档分数线。
- 老师，第三条呢？
- 第三条：院校线。
- 老师，麻烦讲讲啊。
- 院校线就是大学录取最低分数线。
- 老师，第四条线是什么？
- 第四条：专业线。就是专业录取的最低分数线。
- 懂了，谢谢老师。

- 老师，你经验丰富，招生诈骗行为有哪些？
- 老师没有招生诈骗经验（笑）。不过对反招生诈骗倒是有些经验。
- 老师，朋友的亲戚说自己是某校的老师，可以通过运作录取。
- 假的。除了省招生办，没有其他任何机构可以进行高校招生。

- 老师,有朋友说他能找到关系,多交点钱,通过"自主招生计划"录取。
- 假的。任何可以"用钱买分数""用钱买计划"的话都是假的。
- 老师,有朋友说他可托人让我先上预科的内部指标,然后再被正式录取读本科。
- 假的。所有的"内部指标"都是假的,想想吧,如果真有这种好事,能轮到你吗?
- 老师,朋友说可以找关系,让我先上独立学院,然后再转学到本部。
- 假的。独立学院和本部是完全独立的。几乎不可能实现转学。
- 老师,有所学校我都没听过,根本没填这所学校,却给我寄了录取通知书,我要去吗?
- 核查一下,是不是录取信息被人泄露了。

- 老师,志愿填报有什么技巧啊?
- 把最想考同时又感觉可能考得上的一两所好大学排在最前面。然后填几所很有把握的大学,最后也要填几个历年录取分数较低的大学保底。坚持"够得着、稳得住、保得了"的原则。
- 就是要形成梯度,是吧?
- 对。一定要有梯度。
- 我还是担心有梯子也下不来,直接掉底了。
- 优先选择不退档或投档比例小的大学。那种历年投档低于100%的大学,有时甚至会降分录取。
- 所以学会预测学校的最低录取分数线很重要。
- 也不全对,因为有些学校是按专业录取分数优先进行录取。所以有时你还需要进一步预测具体专业的录取线。
- 老师,我要不要服从专业调剂?
- 自己喜欢的大学,建议选择服从专业调剂。事实上,也有很多人毕业后并不是从事所学专业的。

传递陪伴的温暖

亲爱的同学：

你好！

很开心我们能陪你走过这又苦又甜的高三，三百多个日日夜夜，我们见证你成功迈过了人生的第一道坎。

你在《你好！高考》上所写下的每一笔每一画，都将成为你人生的美好回忆。

在中学的这最后一年，你曾经迷茫，曾经害怕，也曾经无助。父母、同学、朋友都帮不了你。然而，你就像坚韧而有力的弹簧，承受的压力有多大，弹得就有多高。

这个令你感觉最舒适怡人的暑假之后，你将走进美好的大学校园，开启人生的新篇章。

而你的学弟学妹，将经历你去年来同样的艰辛，同样的拼搏。他们不仅需要我们的陪伴，更需要你给予他们最真切的鼓励、最温暖的安慰。

所以，我们希望你能把你这一年来备考的经历或心情，凝结成50字左右的几句话，扫描下方微信公众号二维码回复。你的话语将有机会入选新版的《你好！高考》，传递陪伴的温暖。

我收到录取通知书了